LE JOUR

DE

COMMUNION.

LIVRES nouvellement imprimés.

Les droits de la vraie Religion, foutenus contre les maximes de la nouvelle Philofophie, par M. l'Abbé Floris, 2 vol. *in-12.*

Le Manuel des Chrétiens, divifé en quatre Livres; *ou* Sentimens d'une Ame qui defire vivre de Jefus-Chrift : Ouvrage très-utile à tous les Fideles, par M. l'Abbé de Bricoure, *in-12.*

L'Evangile médité & diftribué pour tous les ours de l'année, fuivant la concorde des quatre Evangéliftes, par M. l'Abbé Giraudeau, 12 vol. *in-12.*

— Du même, Hiftoire & Paraboles du P. Bonaventure, petit *in-12.*

Les Fondemens de la Foi, mis à la portée de toutes fortes de perfonnes : Ouvrage principalement deftiné à l'inftruction des jeunes gens, felon la méthode de M. l'Abbé Fleury, par M. l'Abbé Aymé, Chanoine de l'Eglife d'Arras, dédié à Mgr l'Archevêque de Cambrai, 2 vol. *in-12.*

Inftructions pour la premiere Communion, diftribuées pour chaque jour de la femaine, depuis le Dimanche de la Septuagéfime, jufqu'au troifiéme Dimanche après Pâques inclufivement; à l'ufage des enfans qui fe préparent à faire cette fainte action, par M. l'Abbé Regnault, Prêtre du Diocèfe de Paris, *in-18.* 1775.

— Du même, Inftructions pour la Confirmation, diftribuées pour chaque jour pendant fix femaines, avant la réception de ce Sacrement, à l'ufage des jeunes gens qui fe difpofent à le recevoir, *in-18.* 1775.

La Vie & la Doctrine de Notre Seigneur Jefus-Chrift, réduites en méditations pour tous les jours de l'année, par M. l'Abbé ***, Auteur de la Connoiffance & de l'Amour de Jefus-Chrift, du P. Saint-Jure, 2 vol. *in-12.* 1775.

LE JOUR

DE

COMMUNION;

OU

Jesus-Christ considéré sous les différens rapports qu'il a avec l'ame fidelle dans l'Eucharistie;

Suivi de Sentimens affectueux.

Par M. l'Abbé DE SAINT-PARD.

Vocabitis hunc Diem celeberrimum atque sanctissimum. Levit. 23, 21.

Vous mettrez ce Jour au nombre des plus célebres & les plus saints pour vous.

A PARIS,

Chez CHARLES-PIERRE BERTON, Libraire, rue S. Victor, vis-à-vis le Séminaire S. Nicolas-du-Chardonnet, au Soleil-Levant.

M. DCC. LXXVI.

Avec Approbation & Privilege du Roi.

AVANT-PROPOS.

COMME il importe infiniment de tirer de la Communion tous les avantages qu'elle renferme, il n'eſt rien que l'on doive négliger quand on s'y prépare. La nature de cette action s'explique par elle-même, & ce que l'on pourroit en dire ici, n'ajouteroit point à ce que l'on en ſait déja par la foi.

Il ſeroit donc téméraire, & même dangereux, d'aſpirer au mérite de la nouveauté, en traitant cette ma-tiere : nous nous propoſons ſeule-ment de fixer les Chrétiens de tout état par une méthode, dont les plus

ſervens font une heureuſe expérience.

Pour cet effet on partagera le jour
où l'on doit communier, en trois
Parties différentes, diſtinguées les
unes des autres par un Réglement
& des Exercices qui leur ſeront
propres.

LE JOUR

DE

COMMUNION.

PREMIERE PARTIE,

OU

Les moyens d'employer avec circonspection le temps qui s'écoule avant la Communion.

ON suppose que l'on a subi cette épreuve de soi-même, dont parle S. Paul; c'est-à-dire qu'on s'est purifié la conscience par la confession, ou que du moins on n'a pas de fautes considérables à se reprocher depuis une confession toute récente; si on en avoit de légeres, comme

A iv

celles qui se commettent par précipita-
tion, inadvertance, foiblesse naturelle,
&c. alors, disent les Auteurs de la vie
spirituelle, il suffiroit de joindre au desir
de s'en accuser à la premiere occasion,
quelques pratiques de mortification ou
même l'exercice de la priere, pour en
témoigner son repentir.

I°. *Le Réveil.*

Si l'ame chrétienne, qui se prépare à
la Communion, ne se trouve pas rem-
plie de son objet jusqu'à éprouver une
continuelle & amoureuse attention à J. C.
& dire avec l'épouse des Cantiques, *au
milieu* même *de mon sommeil, mon cœur
veille* & *soupire* après lui ; elle doit au
moins penser à lui dès le premier instant
de son réveil, en dirigeant vers son adorable Humanité les desirs, les mouvemens,
les affections de son cœur, à peu près en
ces termes ou d'autres équivalens :

« Divin Sauveur, je vous offre mon
» cœur, je vous le donne absolument ;
» préparez-le vous-même à vous recevoir ;
» rendez-le digne de vous ; occupez-le de

» vos admirables perfections ; embrasez-
» le de votre saint amour ; remplissez-le
» de votre grace, au nom du Pere », &c.

Par de semblables aspirations, quand elles partent d'un cœur fervent, non-seulement on se précautionne contre la dissipation ; on régle toutes les puissances de son ame ; on allume en soi de justes desirs ; mais on plaît encore à Dieu, qui prend dans l'Ecriture le nom de *Seigneur jaloux* de toute espéce de prémices, on mérite d'attirer sur soi les regards de sa complaisance, on reçoit des secours plus abondans, plus distingués, plus puissans pour bien faire l'action, à laquelle on se prépare.

II°. *Le Lever.*

. Ouvrir par un acte de sensualité, le jour où on aspire à s'unir à un Dieu crucifié, qui nous appelle par la participation de tout lui-même, c'est ce qu'on ne peut imaginer & bien moins encore excuser. Non, il n'y a aucun rapport de convenance entre la recherche de ses commodités & le vrai desir de la Communion : se laiſser aller au penchant de la nature, c'eſt marcher à pas lents vers les richeſſes de la grace, ce n'eſt pas témoigner un grand empreſſement de s'unir à l'auteur de la grace.

La victoire, que l'on peut remporter ſur ſa pareſſe dans ce premier quart-d'heure, n'eſt donc pas à mépriſer; ſouvent il arrive que delà dépend le plus ou le moins de ſuccès d'une Communion; parce que l'ame, en conſéquence de cette petite victoire, acquiert un degré d'activité & de ferveur, dont elle a un beſoin tout ſpécial pour triompher d'une certaine peſanteur, qui eſt une ſuite naturelle du ſommeil.

Pendant qu'on s'habille il ſera bon de s'occuper de quelques penſées chrétiennes, de s'adreſſer à Dieu, &c. en ſe diſant à ſoi-même, par exemple :

« Je m'avoue pécheur en votre pré-
» ſence, ô mon Dieu ! j'en prends même
» publiquement la qualité, quand je me
» couvre de ces vêtemens.... Qu'ils ne
» ceſſent donc de me rappeller au beſoin
» que j'ai de faire pénitence.... Qu'ils ne

» deviennent jamais pour moi une nou-
» velle occasion de vous offenser par une
» trop grande recherche de complaisance
» secrette & de vanité frivole.... Qu'é-
» tant sujets à dépérir par l'usage que
» vous m'en accordez, ils m'inspirent en-
» fin un parfait détachement des choses
» qui passent.... ».

Si on trouve ces considérations trop générales, on pourra ou repasser dans sa mémoire le sujet de méditation qu'on aura préparé la veille, ou se pénétrer de la nécessité de paroître aux Noces célestes avec la robe nuptiale. Celui qui saisit le sens mystique de cette parabole, songe moins à parer son corps qu'à orner son ame de toutes les vertus ; voilà le vê-tement qui plaît véritablement à Notre Seigneur.

III°. *La Priere.*

Après un lever, réglé par un esprit de pénitence, conforme aux loix de modes-tie & de respect, qu'imprime toujours la présence de Dieu & des saints Anges, on se met à la priere.

Outre les qualités qui sont essentielles à cet exercice & les motifs qui doivent y conduire, il faut avoir l'intention particuliere de plaire à Jesus-Christ : faite dans ce dessein, la priere produira comme nécessairement un double effet, l'un d'exciter dans l'ame des sentimens propres de la Communion, l'autre de l'animer à plus de foi, à plus de confiance, à plus d'amour pour la personne adorable. de l'Homme-Dieu.

Parce que ce jour est pour l'ame chrétienne un monument de grace & de gloire, elle se portera sans doute d'elle-même & sans efforts à des exercices de ferveur & de fidélité, & les regardera comme une sorte de devoirs & non pas seulement comme de pures œuvres de surérogation. C'est pour les lui faciliter, que nous avons tracé par forme d'essai quelques plans de méditation où Jesus-Christ paroît sous les principaux rapports que le Sacrement de son amour nous donne avec lui.

Si les sujets que nous avons proposés ne suffisent pas encore & paroissent revenir trop souvent dans le cours d'une année, on pourra méditer Notre Seigneur Jeſus-Chriſt ſous d'autres titres qui n'intéreſſent pas moins la piété.

1°. Titres, pris de la généroſité de ſon cœur pour les hommes : ainſi conſidéré, il eſt notre Conſervateur, notre Sauveur, notre Médecin, notre Bien, notre Médiateur & Avocat auprès de ſon Pere, notre Paix, notre Refuge, notre Eſpérance, notre Gloire, notre Joie, notre Conſolation, notre Récompenſe, &c.

2°. Titres, nés de ſes perfections infinies : ſa Bonté, ſa Sageſſe, ſa Puiſſance, ſa Juſtice, ſa Douceur, ſa Charité, ſa Miſéricorde, ſa Patience, ſes Grandeurs, &c. deviendront une nouvelle ſource de méditations.

Enfin titres, extraits de la conduite toute divine qu'il a tenue ſur la terre, ou des leçons qu'il y a données : anéantiſſement dans le ſein de Marie ; dénuement abſolu à Béthléem ; ſoumiſſion aux ordres du Ciel dans la fuite en Egypte ; vie pauvre, laborieuſe, obſcure pendant trente ans à Nazareth ; nouvel anéantiſſement ſur les bords du Jourdain où il reçut le baptême des mains de Jean ; affiduité à la priere ; penchant à obliger ; attention à pourvoir aux befoins, même corporels ; bienfaifance générale & fans acception des perfonnes ; condefcendance admirable ; zele pour le falut des pécheurs ; tranquillité d'ame au milieu des épreuves, des contradictions, des fouffrances ; amour des ennemis ; &c. Voilà un vafte champ, où peut encore & ne peut pas trop s'exercer une ame fidelle, qui fe fait une étude de découvrir fon *Dieu caché*, & qui met fa gloire à le connoître pour l'imiter.

IV°. *L'emploi du temps qui s'écoule depuis la priere jufqu'à fon entrée à l'Eglife.*

Ce devoir de la priere une fois rempli, il conviendroit qu'on ne penfât qu'à des chofes relatives à la Communion, foit par refpect pour Notre Seigneur, foit par un efprit d'intérêt perfonnel.

Que réfulte-t-il en effet d'une interruption de temps que l'on fe permettroit fans raifon légitime ? qu'à peine il refteroit dans l'ame la trace des pieux mouve-

mens qu'elle auroit eus, des saintes affections qu'elle auroit conçues, des bonnes
résolutions qu'elle auroit formées : delà
l'espece d'insensibilité, la langueur, la
sécheresse, quelquefois le dégoût & le
trouble à l'approche du Seigneur ; pourquoi ? en voici la raison ; c'est que jamais
la dissipation n'a produit ni pû produire
le sentiment de la piété en général, encore moins d'une piété tendre ou affec-
tueuse : cependant on aspire à l'éprouver
ce sentiment de piété, je dirois presque
à le sentir, quelle contradiction ! . . .
Comme il n'y a point d'alliance entre
J. C. & Belial, aussi n'y a-t-il point de
rapport entre un cœur, qui s'affectionne
aux choses spirituelles & un esprit qui ne
se conserve pas dans le recueillement.

En sortant de chez soi pour se rendre
à l'Eglise, il faut nourrir son esprit de
bonnes pensées pour se faciliter de plus
en plus la partie du sentiment. Qu'on dise
donc avec le Psalmiste :

« C'est vers vous que je dirige mes pas,
» aimable Sauveur, conduisez - les tou-
» jours dans les sentiers de la justice &

» dans la voie de vos commandemens ;
» c'est à votre invitation généreuse que
» je me rends avec confiance ».

« Je verrai donc de nouveau votre ta-
» bernacle, ô mon Dieu ! & pénétré d'un
» religieux respect en votre présence, je
» vous adorerai véritablement & selon les
» desirs de votre cœur ».

« Soyez au comble de la joie, mon
» ame, nous allons dans la maison du
» Seigneur ; nous allons nous réunir aux
» tribus fidelles, qui composent son peu-
» ple ; nous allons prendre place à sa table
» sainte : là nous nous verrons assis à côté
» de ces ames ferventes qui mettent leur
» gloire à l'adorer, à espérer en lui, à
» l'aimer, à chanter ses louanges, à mou-
» rir avec lui tous les jours de leur vie :
» là nous nous animerons de plus en plus
» à le servir ; & sa bonté nous tiendra
» lieu de bouclier contre nos ennemis &
» nos propres foiblesses : là particuliére-
» ment nous apprendrons par expérience
» combien il est riche pour ceux qui le
» craignent.

» O vous, que la bonté divine a des-

» tiné à ma garde, Ange protecteur,
» écartez loin de moi l'ennemi du salut;
» demandez pour moi ces vives lumieres,
» qui éclairent l'entendement; ces tendres
» affections, qui amolliſſent la dureré de
» mon cœur; ces fortes émotions de la
» grace, qui me rendent agréable aux
» yeux de mon Seigneur & de mon Dieu.
» *Amen* ».

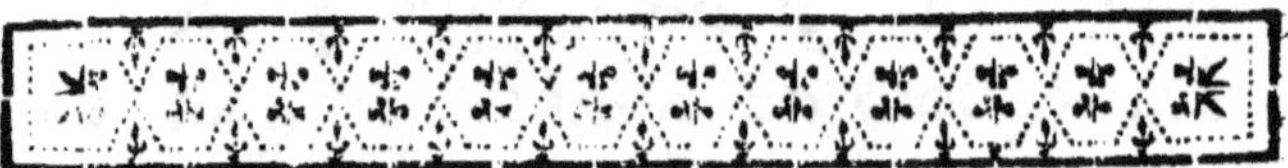

LE JOUR
DE
COMMUNION.

SECONDE PARTIE,
OU

Exercices particuliers qui précé-
dent, qui accompagnent, qui
suivent immédiatement la Com-
munion.

I°.

Aux approches de l'Eglise où l'on va commu-
nier... qu'on se livre aux sentimens
d'une sainte joie.

« O JÉRUSALEM terrestre, que vous
» offrez de gloire & de magnificence aux
» yeux de ma foi ! Le Dieu, que j'adore,
» a daigné vous choisir pour sa demeure

» afin que je puſſe me proſterner devant
» lui, lui rendre mes hommages & le
» recevoir ».

« Que vos tabernacles ſont aimables,
» ô le Dieu de mon ame ! je ſuis tranſ-
» porté de joie, quand je penſe que je vais
» y être admis... Trouver une place dans
» votre ſanctuaire & parmi vos convives,
» ô bonheur pour moi ! ... ».

II°.

A l'entrée même de l'Egliſe & prenant.
de l'eau bénite.... qu'un eſprit de foi
agiſſe ici dans toute ſa force & vous pé-
netre d'un religieux tremblement.

« C'eſt ici la maiſon de mon Dieu ;
» c'eſt ici la porte du Ciel pour moi. Que
» de redoutables myſteres, auxquels je
» vais aſſiſter & participer » !

« Seigneur, purifiez-moi de plus en
» plus de mes iniquités ; effacez-en juſ-
» qu'à la plus légere trace ; que je ne ſouille
» point par des penſées & des affections
» mondaines une terre que vous ſanctifiez
» par votre préſence ».

IIIº.

En avançant du veſtibule vers l'Autel… qu'on ſe repréſente en abrégé, mais vivement, les grands objets que l'Euchariſtie offre aux yeux d'un peuple de croyans.

1º. Un Dieu de majeſté, qui daigne appeller à lui l'ame fidelle, qui la preſſe de ſe rendre, qui dreſſe pour elle une table délicieuſe, où il ſe donne tout entier, ſon corps pour la nourrir, ſon ſang pour l'abreuver, ſon ame pour ſe l'unir intimement, ſa divinité pour la faire triompher des foibleſſes de l'humanité.

2º. Autour du trône, d'où ce Dieu d'amour ſollicite des cœurs ſenſibles, ſont de céleſtes eſprits, qui ne ceſſent de lui préſenter le tribut de leur admiration, de leurs louanges, de leur reſpect, de leur zele, de leur adoration ; qui deſirent de tranſmettre aux juſtes leurs connoiſſances leur ſurpriſe, leurs ardeurs, leurs extaſes.

3º. Des miniſtres viſibles, qui ſe ſuccédent & ſe ſuccéderont juſqu'à la fin des ſiecles pour le ſervice des Autels, où ré-

fide véritablement ce Dieu caché fous des voiles abjects ; interpretes de fes defirs généreux , ils appellent , ils convoquent ; ils engagent les ames chrétiennes par fentiment , à s'approcher , à voir , à s'incorporer, à goûter combien ce Dieu, qui les aime, leur offre de facilité dans l'abord , de douceur dans l'entretien , de délices dans la poffeffion ; ils femblent dire à toutes : « il fe continue ce magni-
» fique feftin , que votre divin époux a
» dreffé dans fon Eglife dès la veille de
» fa mort ; tout eft prêt de fa part : crai-
» gnez-vous qu'il ne vous manque quelque
» chofe encore ? faites ce qui eft en votre
» pouvoir , & fa grace fuppléera par fa
» richeffe à ce que vous n'avez pas , fe-
» condera votre impuiffance , approuvera
» votre crainte , récompenfera vos defirs
» mêmes : qu'il n'y en ait parmi vous au-
» cune affez légere , affez imprudente ,
» affez infenfée pour méprifer les recher-
» ches du Roi des Rois ».

IV°.

Arrivé à l'endroit que l'on jugera être le plus propre au recueillement, on fera à genoux la priere suivante :

« Me voici proſterné à vos pieds, ô JESUS ! ô Sauveur aimable ! vous m'ordonnez de venir à vous ; je me préſente avec la confiance que vos grandes bontés m'inſpirent.

» Je vous adore avec tout le reſpect dont je ſuis capable ; je crois fermement que vous êtes dans ce lieu ſaint avec votre corps & votre ſang, votre ame, votre divinité ; que vous y êtes pour vous donner à moi & ſervir de nourriture à mon ame. O bonheur ! ô gloire pour moi ! .. ô miſéricorde ! ô amour de votre part ! ... euſſé-je jamais dû eſpérer un ſort ſi heureux ! .. ô hoſtie de ſalut, qui faites toute la force des foibles ! .... ô banquet ſacré, qui rempliſſez de graces les ames bien préparées ! .. ô pain des Anges, vrai pain des enfans de Dieu ! puiſſiez-vous devenir aujourd'hui pour mon ame un

» avant-goût des délices qu'éprouvent dé-
» ja les Saints dans le Ciel. *Amen* ».

*Si les circonstances laissent quelque temps
de-là jusqu'à la Messe, qu'on récite en entier & avec le plus de dévotion qu'il sera
possible, les Antiennes ou Doxologies, que
l'Eglise chante en l'honneur du Très-Saint
Sacrement :* O ! Salutaris hostia, Ecce
panis Angelorum, Ave, verum corpus, O !
sacrum convivium, Tantum ergò Sacramentum, *dont nous venons d'indiquer en
françois le sens initial.*

Offrande de la Messe, en forme de priere préparatoire.

Dieu de majesté infinie, c'est sous les
auspices de Marie, sous la protection de
mon Ange Gardien & de tous les Saints,
que je m'unis au culte de l'Eglise, pour
vous offrir le sacrifice d'un Fils, à qui vous
ne refusez rien, parce que vous mettez en
lui vos plus tendres complaisances. Je vous
l'offre ce sacrifice pour rendre hommage
à vos perfections, pour reconnoître le
souverain domaine que vous exercez sur
toutes les créatures ; je vous l'offre pour

appaiſer votre juſtice & ſolliciter un pardon que je ne mérite à aucun égard ; je
vous l'offre pour célébrer vos bienfaits &
confeſſer mon indigence devant vous, ô
Dieu vrai, vivant & éternel ; je vous l'offre
pour vous remercier des graces que vous
m'avez faites, & vous conjurer d'en ajouter encore de nouvelles, une particuliérement, dont je ſens tout le prix.

J'ai la confiance que vous m'accorde-
rez cette grace, ô mon Dieu ! en vous
la demandant avec ardeur, j'entre dans
les vues de Jeſus-Chriſt ſur moi. Cet aimable Sauveur deſiroit que je fuſſe, ainſi
que tous les fideles, une même choſe
en vous, comme vous êtes un en lui &
lui un en vous ; il continue de former pour
moi la même priere du haut du Ciel, où,
aſſis à votre droite, il veut bien me tenir
lieu d'Avocat auprès de vous... Eh ! que
vous demande-t-il pour moi, & qu'oſe-je
en ce moment vous demander en ſon
nom ? la grace de le recevoir par la Communion avec toutes les diſpoſitions de
l'eſprit, du cœur & de l'ame, qu'exigent
ſes bontés, ſon amour, ſes perfections.

Au

Au Commencement de la Meſſe.

Quelqu'indigne que je ſois de paroître devant vous, Seigneur, je me préſente cependant avec l'eſpérance que vous ne me rejetterez pas; en me recevant vous recevez l'Enfant prodigue, qui confeſſe à vos pieds la malice & la multitude de ſes péchés. Oui, c'eſt contre le Ciel & contre vous que j'ai péché. Triſte aveu! il m'éloigneroit de vos ſaints tabernacles, ſi je ne connoiſſois la tendreſſe de votre cœur pour moi, ô le meilleur des peres! Ah! vous ne voulez pas que je périſſe mais que je me ſauve: quelques reproches que j'aie à me faire, ils n'égaleront jamais dans leur nombre l'étendue de vos miſéricordes. Je les implore ces miſéricordes du profond abyme où m'ont précipité les paſſions de mon cœur. Je vous en demande l'application par les mérites du Saint des Saints; le ſimple ſouvenir de ce Fils unique vous rappellera vos anciennes bontés en ma faveur. Non, mon ame, plus de triſteſſe; eſpere dans le Seigneur, jamais il n'a rejetté un pécheur contrit & humilié.

B

Confitebor tibi .... Deus meus ; quare tristis es anima mea ? Pf. 42.

A l'Introït.

Les Juſtes de l'ancienne Loi, les Patriarches, les Prophetes ſoupiroient après votre préſence ſur la terre, ô Divin Libérateur ! C'étoit vous, qui leur inſpiriez ce grand deſir de vous voir ! ah ! communiquez - moi une partie de cette vive ardeur qui les animoit ; faites que j'éprouve les mêmes ſentimens, ſur-tout à l'approche du moment qui va m'unir à vous par la Communion.

Veni, Domine Jeſu. Apoc. 22.

Aux Kyrie.

Hélas ! Seigneur, quand toutes les fois que je reſpire, je vous dirois dans l'amertume de mon ame, *ayez pitié de moi,* qui ſuis rempli de miſeres ; ces actes de douleur réitérés ne rendroient point encore le nombre de mes offenſes : cette vue me confond, mais elle ne m'abbat pas : plus j'ai de raiſons de gémir ſur mes infidélités, plus j'ai de confiance que la bonté Divine écoutera mes gémiſſemens parce qu'elle en éclatera davantage.

Propitiaberis peccato meo, multum eſt enim. Pſ. 24.

Au Gloria.

Eſprits céleſtes, qui adorez ſur cet Autel mon Seigneur & mon Dieu, anéanti ſous les eſpeces Euchariſtiques, faites paſſer dans mon ame les ſentimens d'admiration, qui vous retiennent ſans ceſſe aux pieds de ſon Trône. Ah ! ma conſolation ſeroit extrême ſi j'avois lieu de me flatter qu'il acceptât de moi le ſacrifice de louange, le tribut de mes levres, hommage du cœur !... Ne négligeons pas du moins ce qui eſt en notre pouvoir, ô mon ame, & conjurons toutes les créatures de ſuppléer à notre défaut ; travaillons de concert à le louer, le bénir & le glorifier ; reconnoiſſons-le pour le Médiateur entre le Ciel & la Terre, pour le Médecin charitable de nos ames, pour le bon Paſteur qui nourrit ſon troupeau de ſa Chair & de ſon Sang.

Benedictio..... & gratiarum actio;

honor & virtus Deo noſtro. Apoc. 7.

Si on aſſiſte à une Meſſe haute, on continuera de chanter le Gloria avec les Fideles, ou on s'occupera intérieurement de N. S. en réfléchiſſant avec complaiſance ſur chacune des prérogatives que l'Egliſe célébre dans ce cantique de joie.

Pendant les Oraiſons.

Je n'attends rien que de vous, mon Dieu ; ainſi qu'un mendiant à la porte du riche, je vous fais l'aveu de mon indigence, je la publie même à votre gloire ; vous ſeul pouvez me donner abondamment ce qui me manque, comme vous ſavez mieux que moi ce qu'il me faut dans l'ordre du ſalut. Membre de l'Egliſe Catholique, Apoſtolique & Romaine, votre Epouſe, je m'unis à ſes vœux, & vous demande par ſes Miniſtres les graces & les vertus qui ſont néceſſaires au bien de mon ame, ſur-tout une pureté de conſcience, qui me rende digne de participer aux Myſteres de votre amour.

Jube me ad te venire. Matt. 14.

Si les Oraisons sont multipliées, on continue.

Je ne mérite point sans doute que vous m'exauciez ; mais deux choses m'enhardissent à persévérer dans la priere ; la bonté de votre cœur & la fidélité à votre parole : d'une part, vous ne pouvez, d'après votre inclination à la bienfaisance, me refuser ce qui me convient, ce qui vous convient à vous-même ; car enfin que vous demande-je, Divin Jesus? un cœur détaché de l'affection même au péché, un cœur pur, un cœur brûlant de votre amour, un cœur digne de vous. D'une autre part, vous avez promis que là, où deux ou trois personnes seroient assemblées en votre nom, vous vous y trouveriez au milieu d'elles : me voici, Seigneur, à côté, & peut-être environné d'ames ferventes, qui se prosternent en esprit devant vous ; en vertu de votre parole & de cette charité qui nous unit en vous, daignez entrer dans nos intérêts communs ; que nos besoins deviennent en quelque sorte les vôtres ; en qualité de premier-né d'entre les hommes, foyez de fociété avec nous dans les vœux que nous adreffons au Pere Célefte par vous, ô notre puiffant Interceffeur, qui vivez & regnez avec lui & le S. Efprit dans tous les fiecles des fiecles. *Amen.*

A l'Epître.

Quel riche fond d'inftructions falutaires que les écrits de vos Prophetes & de vos Apôtres, ô mon Dieu !... Qui les écoute & les médite avec attention, y apprend vos adorables volontés, vos deffeins de bienveillance fur tous les hommes, vos foins de prédilection pour nous particuliérement, qui fommes choifis d'entre les nations pour y trouver le fecret d'arriver à vous par la connoiffance de votre Nom & de votre Grace.

O faveur! quand y répondrai-je avec toute la fidélité qu'elle mérite? Quand aurai-je affez de courage pour rendre, comme palpables, la fainteté & l'excellence des Vérités éternelles, que vous me faites annoncer tous les jours à la face des Autels? Quand obferverai-je votre Loi de maniere à avancer de plus en plus dans les vertus de mon état?...

Ah! Seigneur, je fens ici tout le befoin que j'ai de votre fecours, foutenez-moi; de vos lumieres, éclairez-moi; de votre zele pour le Pere Célefte, allumez dans mon cœur le feu facré de votre amour, que vous êtes venu répandre fur la terre.

Da mihi fedium tuarum affiftricem fapientiam, quoniam fervus tuus fum ego.... homo infirmus. Sap. 8.

Pendant que l'on chante le Graduel, l'Alleluia ou le Trait.

Prêtez attention à la voix du Dieu qui vous appelle, ô mon ame; c'eft à la perfection qu'il vous invite. Ramper fur la terre fans élever vers le Ciel les yeux de la foi & les affections de l'amour; fe contenter de ne faire pas le mal fans exciter en foi la foif & la faim de la juftice, & d'une juftice toujours plus abondante; pratiquer même le bien par une habitude naturelle, fans fe propofer la gloire qu'il en revient à Dieu de la pureté de nos in-

tentions, ce n'eſt pas répondre aux avances que ce Dieu a faites en notre faveur,
c'eſt s'expoſer à tomber en défaillance
dans le combat des paſſions, c'eſt marcher à pas lents vers la montagne ſainte,
où le Seigneur habite, où il ſe fait voir,
où il ſe communique aux ames ferventes,
où enfin il ſe donne à elles comme Spec-
tateur de leurs peines, & le remunérateur
de leur foi courageuſe.

Ah ! plus de partage de moi-même !
je condamne pour toujours ma lenteur &
ma négligence ; JESUS me précéde, je le
ſuivrai ; il m'engage à monter avec lui ſur
le Calvaire, peut-être ſur la Croix, je lui
obéirai, je mourrai à moi - même par le
renoncement à mes habitudes vicieuſes, à
telle affection peu réglée N. à tel défaut
N. dont il me demande depuis long-temps
le ſacrifice....

Oui, voilà ce que je vais promettre à
J. C. avant de me préſenter à ſa Table ;
voilà ce qui fera déſormais l'objet de mon
attention & de ma vigilance avec le ſecours de ſa grace.

Talibus enim hoſtiis promeretur Deus
Heb. 13.

A l'Evangile.

Parlez, Seigneur, parlez; je fuis difpofé à vous entendre, prêt à exécuter vos ordres; jufqu'à préfent, je les ai ou négligés ou interprétés au gré de mes penchants; mais aujourd'hui je veux en faifir la nature pour les remplir dans leur étendue.

Hommage, qui vous eft dû, ô fouverain Légiflateur! parce que toutes vos paroles font des paroles de vie, des fources de falut, le garant des promeffes que vous avez faites aux hommes de bonne volonté: heureux celui qui eft fidele à s'y conformer! il y trouve la lumiere de l'efprit, le calme du cœur, la gloire de l'ame.

Puiffent ces motifs me déterminer dans chacune des circonftances de ma vie, & m'infpirer pour votre faint Evangile une eftime qui fe manifefte par des œuvres réelles.

Communiquez-moi, ô Divin Maître! l'attention, l'intelligence & les affections néceffaires pour profiter des leçons de fageffe & de perfection que vous m'y donnez; & pour furcroît de faveur, accordez-moi autant de courage & de force pour m'y conformer, que vous m'inspirez de confiance & de fermeté pour y croire.

Domine, ad quem ibimus? verba vitæ æternæ habes. Joan. 6.

Pendant le Credo.

Croire à votre Evangile, c'est croire d'une foi pure, ferme & entiere toutes les vérités que vous avez révélées, & que vous proposez par votre sainte Eglise. Voilà, Seigneur, la foi, dans laquelle je suis né par votre grace, dans laquelle je veux vivre & mourir.

Oui, toujours je croirai (fallût-il le prouver aux dépens de mes plus chers intérêts, de ma vie même) votre Consubstantialité avec le Pere, votre Incarnation dans le sein de Marie, la Divinité de votre Mission & de vos Miracles, le prodige de votre amour pour tous les hommes sur le Calvaire, votre présence réelle dans l'Eucharistie.

C'est ici sans doute un Mystere de foi par excellence; je ne vous y vois pas, Seigneur, cependant je fais une profession

ouverte de vous y reconnoître & de vous
y adorer : ce n'eſt point un autre que
Vous, c'eſt VOUS-MEME, que je recevrai
dans la Communion : vous l'avez dit, *ma
Chair eſt véritablement une nourriture, &
mon Sang eſt véritablement un breuvage* ;
en parlant de la ſorte, vous voulez être
cru, je me ſoumets, je me tais, je crois.

*Credo, Domine, adjuva incredulita-
tem meam.* Marc. 9.

A l'Offertoire.

Depuis votre entrée dans le monde
juſqu'à votre dernier ſoupir ſur la Croix,
vous vous êtes offert, Seigneur, à la gloire
de Dieü ; offrande libre, pleine & généreuſe, elle s'étendoit ſur toutes vos actions ;
votre vie n'a été qu'une vie de ſacrifice,
une mort continuelle à vous-même.

Cette vie & cette mort, vous la continuez encore ſur l'Autel, où vous ne ceſſez
de vous immoler.

Cette certitude que me donne ma foi,
fera-t-elle toujours ſtérile en moi ? non, je
veux auſſi m'offrir avec vous en holocauſte
au Pere Eternel : recevez-moi vous-même

comme une Victime toute dévouée à votre amour : que je devienne, par votre grace, une demeure où vous habitiez avec complaiſance, comme ce pain & ce vin vont devenir, par votre puiſſance, votre Corps & votre Sang.

Dixi, ecce venio. Pſ. 39.

Au Lavabo *& à la Secrette.*

Quelle ſainteté ne m'eſt pas néceſſaire, ô mon Dieu! pour conſommer l'action à laquelle je me prépare! Si vous avez trouvé des taches dans vos Anges, ſi vous jugez les juſtices mêmes, ſur quel fondement portent aujourd'hui mes prétentions à votre Table ſacrée? ſur vos miſéricordes & vos plus grandes miſéricordes, ô Sauveur des hommes! Oui, c'eſt de vous que j'attends cette pureté d'ame, dont j'ai beſoin.

Dele iniquitatem meam; ampliùs lava me. Pſ. 50.

Amis de Dieu, heureux Citoyens du Ciel, ne m'excluez pas de vos ſuffrages; joignez-vous au contraire à mes vœux; & parce qu'ils ſont encore foibles & languiſfants, employez ce que vous avez de crédit fur le Cœur adorable de JESUS, pour que j'arrive enfin, à titre d'Imitateur de vos vertus, à le fervir fidélement, à l'aimer fincérement, à le glorifier véritablement, à le goûter par avance dans le Sacrement de fon divin amour. *Amen.*

Pendant la Préface & le Sanctus.

Faut-il, ô mon Dieu ! que les Miniftres de vos Autels élevent leur voix pour nous avertir d'élever nos cœurs vers vous ? Penfer au Ciel, où vous regnez dans tout l'éclat de la Divinité ; penfer à vous particuliérement, qui êtes le principe fouverain, & la fin derniere des ames, quoi de plus conforme à la juftice, à la raifon même, à nos propres intérêts ?

Vous êtes avant les temps le Seigneur fuprême, le Dieu par qui & en qui toutes chofes exiftent & fe confervent : nous ne fommes, nous, qu'une vile pouffiere dans ce monde, qui n'eft lui-même qu'un atome, un néant devant vous ; fe pourroit-il donc que je m'y attachaffe encore ? Non, rien dorénavant ne me plaira, sinon vous; vous serez toujours le terme & le centre de mes pensées, de mes desirs, de mes actions; vous êtes mon Dieu, je suis votre serviteur.

Telles sont les résolutions, que m'inspire la vue de vos grandeurs, admirable JESUS! faites-moi part de ce zele, dont vous étiez dévoré pour la gloire du Pere Céleste, afin que, de concert avec les Dominations, les Puissances, les Vertus, tout ce qu'il y a de plus sublime dans la hyérarchie des Anges, je prélude, quoique dans mon exil, à ce cantique toujours nouveau, qu'ils répétent dans le séjour du bonheur.

Saint, trois fois Saint, infiniment Saint est le Seigneur Dieu; rien qui n'en annonce la grandeur; les ouvrages publient sa puissance; l'Univers est rempli de sa Majesté; mais sa bonté est au-dessus de nos expressions, depuis que, sorti de son sein, vous êtes venu en son nom habiter cette vallée de larmes, ô Divin JESUS, fruit de l'amour d'un Dieu Pere pour tous les hommes: hélas! sans vous la terre demeureroit fous l'anathême, avec vous & après vous ont abondé les béné-dictions & les graces.

Je parle de graces !... Ah ! n'y eut-il que celle, qu'il va nous accorder bientôt, mon ame, la grace d'être uni intimement à lui !... Apprécions par une reconnoiſſance anticipée un tel bienfait.... Humilions-nous, gémiſſons, prions, admirons, deſirons....

Tu folus fanĉtus... Jeſu Chriſte, cum Sanĉto Spiritu in gloriâ Dei Patris.

Depuis le Sanĉtus juſqu'à l'Elévation.

Qu'ils font précieux à ma foi les mo-mens auxquels je touche !... Que de Myſ-teres, déterminés avant tous les temps fur l'Autel fublime du Ciel, vont s'opérer fur cet Autel viſible !... les prieres & les céré-monies qui les précédent, en annoncent la profondeur; les Miniſtres facrés, fem-blables à l'Ifraélite tremblant aux pieds de Sinaï, font faifis d'une religieuſe frayeur; ce n'eſt plus fous le titre de Dieu des armées qu'ils invoquent le Seigneur, mais fous le nom du plus clément, du meilleur des Peres; ce n'eſt rien moins qu'aux mérites de J. C. qu'ils le conjurent d'avoir égard dans la grande action qu'ils méditent; ce ſont tous les Saints, la Reine même des Saints qu'ils mettent dans les intérêts de leur Miniſtere.

Ah! je partage leur juſte crainte, je me joins à leurs ſupplications; j'avoue avec eux ma foibleſſe, mon indigence, mon indignité; avec toute l'Egliſe je ſollicite le remede aux miſeres de mon ame.

A l'Elévation.

Que vois-je?... un Dieu eſt immolé à un Dieu! Dieu & Homme, Prêtre & Victime, ô J e s u s! vous voilà deſcendu du Ciel, & de nouveau incarné ſur cet Autel pour y mourir de nouveau.

A ces traits de généreuſe charité, je vous reconnois pour mon Dieu; je vous adore; j'eſpere en vous; je vous aime; je vous conjure de m'attirer à vous.... Oui, que je vive de vous & pour vous ſans aucune affection aux choſes créées; attachezmoi avec vous à la Croix, dont je ne deſcende jamais.

Pere Eternel , en donnant ce Fils unique au monde , vous me l'avez donné , à
moi qui fuis un ingrat & un rebelle ;
vous me l'avez donné , afin qu'en vous
l'offrant , je puffe me racheter du honteux
efclavage du péché. Eh bien , Seigneur ,
je vous l'offre ce JESUS, égal à vous
en fainteté ; un regard , que vous jettez fur moi , vous rappelle à votre juftice ; mais un regard , que vous jetterez
fur lui , vous rappellera à vos miféricordes ; ce Divin Sauveur oppofe fes
vertus à mes vices , fes perfections à mes
excès monftrueux , à mes révoltes fon
Sang & fa Mort ; il vous demande pour
moi l'application de fes mérites , ah !
vous acquiefcerez à fa priere.

Il vous demande encore... le dirai-je ?...
qu'eu égard aux difpofitions qu'il met
dans mon cœur, pour détefter & expier
mes infidélités paffées , je ne fois point
exclus du glorieux privilege de participer
à fon Corps , à fon Ame, à fa Divinité
par la manducation réelle de lui-même.

Refpice in faciem Chrifti tui. Pf. 83.

Au Pater.

Cet honneur , après lequel je foupire ;
n'eft accordé , j'en conviens , qu'aux
ames ferventes ; je n'ai aucun droit de
manger le Pain des enfans, mais vous
êtes véritablement mon Pere , ce titre
vous flatte trop pour que je n'en appelle
pas dans la circonftance contre les frayeurs
de mon ame. J'ofe donc encore vous appeller mon Pere, je l'ofe d'après l'inftruction & au nom de JESUS mon Sauveur ;
Recevez

Un Enfant, qui s'appuie de toutes les
prérogatives que lui donne l'adoption que
vous avez faite de lui ;

Un Zélateur de votre gloire, qui defire
de vous voir connu , fervi , adoré , aimé
par toutes les Nations ;

Un Sujet, qui protefte de n'ouvrir plus
fon cœur aux objets créés , afin que vous
y regniez feul & fans partage;

Un Serviteur , qui fe fera toujours un
devoir d'exécuter entiérement & fans
murmure vos ordres les plus rigoureux.

Un Pauvre, qui, après avoir diffipé fa

légitime., ne voit point jour à fortir de fa mifere fpirituelle, fi vous lui refufez le Pain, qui eft au-deffus de toute fubftance.

Un Criminel, qui n'a de reffource que dans la clémence de fon Juge ;

Un Infirme, dont les maux multipliés femblent demander une guérifon prompte de votre part ;

Un Avorton dans l'ordre du bien , un Pareffeux, qui veut & ne veut pas ; un lâche, qui périt ou plie dans le combat des tentations.

A l'Agnus Dei.

Tel eft, Pere Saint, l'état de mon ame à vos yeux : fi je traitois feul à feul avec vous, que deviendrois-je?... Agneau de Dieu , ayez pitié de moi ; élevez la voix de votre Sang, qu'il crie pour moi, obtenez-moi la rémiffion de mes péchés ; fouffrez que je me retire dans vos plaíes facrées , fur-tout dans votre Cœur adorable : là je trouverai un afyle, que refpectèra un Dieu, même offenfé ; là je goûterai une paix que vous pouvez feul donner.

Intra vulnera tua abſconde me.

Depuis l'Agnus Dei , juſqu'au Domine ;
non ſum dignus.

Cette paix , Divin Maître , vous la pro-
mîtes à vos Diſciples , lorſque vous étiez
à la veille de les quitter ; promettez-la-
moi auſſi : que le moment où vous ceſſe-
rez de réſider en moi par la conſommation
des eſpeces ſacramentelles , ne me voie
pas dans le trouble , qu'occaſionnent les
rechûtes ; qu'elle ſe perpétue cette paix
afin que les avantages de l'union ſacrée ,
que je contracterai avec vous , ſe perpé-
tuent auſſi juſqu'au dernier ſoupir de ma
vie.

Au Domine , non ſum dignus.

Union ineffable !... ah ! je ne ſuis pas
digne d'y aſpirer : Non , mon Seigneur
& mon Dieu , je ne mérite pas que vous
entriez en moi : rien n'eſt pur devant vous ;
comment un cœur , auſſi ſouillé que le
mien , pourroit - il vous recevoir ? *Non
ſum dignus.*

Cependant m'arrêterai-je à l'impreſſion

que produit fur moi ce fentiment ? m'en autoriferai-je pour ne pas me rendre à l'invitation dont vous m'honorez? ah! mon prétendu refpect feroit une défobéiffance formelle; quelqu'indigne que je m'avoue, vous n'avez qu'à prononcer un mot; dites à mon ame, *je le veux, foyez guérie*, & tout fera prêt de la part de mon cœur, je ferai pur, digne de vous; parlez donc, & je vais à vous avec confiance.

Tantùm dic verbo. Matt. 8.

Pendant la Communion du Prêtre & les dernieres Oraifons.

Déja vous vous donnez à votre Miniftre, Seigneur; déja les mérites de votre Sacrifice lui font appliqués; déja il vous poffede, il ne fait qu'un avec vous. Ah! préparez-moi vous-même à cette infigne faveur; qu'une goutte de votre précieux Sang coule par avance fur mon ame.

Mere de l'auteur de la grace, Mere de JESUS & ma Mere, Vierge puiffante, que j'obtienne, par votre fecours, les difpofitions que vous avez apportées à l'Incarnation du Verbe dans votre fein. Et vous, Ange tutélaire, que le Seigneur a placé à mes côtés pour être mon Conseil & mon Guide; Vous encore, dont le nom déja écrit dans le Livre de vie, m'a été donné fur la terre; Vous auffi, que l'Eglife honore en ce jour d'un culte fpécial; Vous tous enfin, Elus de Dieu, qui le poffédez à jamais dans le Ciel, intéreffez-vous à mon ame; demandez qu'il me foit permis de vivre au moins des miettes qui tombent de la table, où vous êtes affis à la fuite de l'Agneau.

Panem noftrum fuperfubftantialem da nobis hodiè. Matt. 6.

A la Bénédiction du Prêtre.

Daignez, Seigneur, m'accorder votre Bénédiction, fur-tout en ce moment où vous m'ordonnez d'aller à vous. Ah! fi déja vous m'avez infpiré le deffein de m'approcher de vous, confirmez en moi ce que votre grace a commencé; mettez le fceau aux réfolutions que j'ai prifes en votre préfence.

Au dernier Evangile.

Verbe de Dieu, Dieu vous-même, pour qui rien n'eſt difficile, exercez en ma faveur votre toute-puiſſante vertu, ſoit pour détruire, ſoit pour créer : baniſſez de mon cœur ce qui vous y déplaît, & arrachez-en l'imperfection juſqu'à ſa derniere racine ; ne vous contentez pas de me réduire à cette eſpece d'anéantiſſement de moi-même, mais faites de moi une créature nouvelle, afin que vous ne trouviez aucun obſtacle au projet que vous avez conçu de me transformer en vous. O ! Dieu, devenu Homme pour mon amour, que je ſois témoin de votre gloire ; venez habiter dans mon cœur, & ne tardez pas.

AVERTISSEMENT.

*L*A Meſſe, ainſi entendue, devient une bonne préparation à la ſainte Communion : elle a prêté, ſelon les circonſtances, la matiere aux différens Actes qui y diſpoſent ; d'une part, on s'y eſt exercé dans la foi en N. S. dans ſon amour, dans la confiance qu'il inſpire, dans le deſir ardent de le recevoir ; de l'autre, on a confeſſé ſon indignité, demandé avec plus d'inſtance que jamais le pardon de ſes péchés, préparé ſon ame par la priere & la pleine offrande de ſoi-même ; enfin fortement perſuadé que l'on ne peut rien ſans J. C. lors même qu'il nous preſſe d'aller à lui, on l'a prié de ſe préparer lui-même en nous une demeure ſelon ſon cœur ; on a intéreſſé l'auguſte Marie & tous les Saints qui compoſent l'Egliſe triomphante.

Le

Le moment le plus proche de la Communion.

QUELLE est la conduite qu'il faut tenir, lorsque le précieux moment de la Communion arrive?

1°. Recueillir tous ses sens extérieurs, & régler toutes les puissances de son ame.

2°. S'approcher avec respect & modestie de la Sainte Table.

3°. Entrer dans l'esprit de l'Eglise, & suivre la pratique qu'elle observe immédiatement avant de communier les personnes qui se présentent; 1°. pendant le *Confiteor*, le dire soi-même, & se frapper la poitrine comme le Publicain; 2°. pendant le *Misereatur* & l'*Indulgentiam*, songer à un Dieu bon & miséricordieux, qui pardonne volontiers, quand il voit la douleur & le ferme propos.

Nota. Cette formule, que récite le Prêtre, est une sorte de supplément à l'absolution sacramentelle; elle a la vertu

C

d'effacer de légeres fautes, qui peuvent survenir par inadvertance ou fragilité humaine. 3°. A ces paroles, *Ecce Agnus Dei, ecce qui tollit*, &c. s'abaisser profondément, adorer J. C. présent; paroles qu'on répete à deux fois différentes. *Voilà* l'Agneau de Dieu, *voilà* pour fixer toute l'attention. 4°. Quand le Prêtre en est au *Domine, non sum dignus*; se jetter entre les bras de J. C. N. Sauveur, attendre tout de son infinie bonté, compter absolument sur sa parole, sans inquiétude pour ses dispositions actuelles.

Avis nécessaire aux ames timorées & scrupuleuses, qui ne sont contentes d'elles-mêmes, qu'autant qu'elles éprouvent sensiblement le goût de la piété ; à d'autres personnes encore, qui s'alarment toujours, après même avoir fait ce qui étoit en leur pouvoir.

Le moment même de la Communion.

A-t-on reçu la sainte Eucharistie ? l'exercice de l'ame est tout simple ; il consiste uniquement à adorer J. C. dans un respectueux silence; silence qui dira beaucoup de notre part; silence aussi, où J. C. parlera, il faut l'écouter: demandera tel Sacrifice, il faut s'y résoudre: inspirera plus de zele pour acquérir telle vertu ou pour renoncer à telle habitude vicieuse, il faut le consulter sur les moyens de réussir.

Plus ce silence d'amour & de respect se prolongera, plus une ame docile & courageuse tire d'avantages de sa Communion.

Le moment d'après la Communion.

Admiration.

Quoi! vous, mon Dieu, au-dedans de moi! y pensez-vous, Seigneur? quoi, les Cieux ne peuvent vous comprendre, & vous venez vous renfermer dans l'espace étroit de mon cœur?... & de quel cœur!... non, il n'est point d'expressions qui rendent ma surprise.

Surprise, qui augmente plus encore, quand je songe à ce que vous êtes, & à ce que je suis: le Dieu de Majesté, le Dieu de Sainteté, le Dieu de pureté, le Dieu des Vertus; voilà ce que la foi m'apprend de vous... Je suis, moi, (ah! faut-il que j'en convienne en ce moment sur-tout!) un peu de pouffiere & de cendre, un pur néant devant vous, moins que tout cela encore, un pécheur dès-mon origine, un pécheur d'habitude... & ce dernier titre, qui vous déplaît tant dans vos créatures, ne vous a pas éloigné de moi!....

Mais y va-t-il de votre gloire ou de votre félicité de vous donner ainsi à moi! ah! sans doute, non. Ce ne peut donc être ici que le myftere de votre amour: vous vous uniffez à moi, comme homme, vous me pardonnez comme Dieu, parce que vous m'aimez.

Amour inconcevable! si vous vous refufez à mon efprit, agiffez du moins fur mon cœur.

Reconnoiffance & Offrande.

Comment vous exprimer ma reconnoiffance, Seigneur, pour le don ineftimable que vous venez de me faire de vous-même ?... quand je coulerois le refte de mes jours à chanter ce bienfait, quand toutes les créatures, interpretes de mes juſtes ſentimens , ſe réuniroient pour la même fin , leurs efforts & les miens exprimeroient à la vérité mes diſpoſitions préſentes , mais ils ne m'acquitteroient pas.

Eh ! dois-je en effet me flatter de remplir ce devoir dans toute ſon étendue ?.... La moindre de vos graces , Divin Jesus , eſt d'un prix infini , que ſera-ce de votre adorable Perſonne !... je me vois donc réduit par mon impuiſſance à vous ſupplier d'être à vous-même mon action de graces.

Oui , comme vous faites en ce moment le ſouverain Bien de mon cœur par votre préſence , exercez-y encore les fonctions de Prêtre ; que je devienne entre vos mains une Victime vivante , que vous immoliez à votre gloire ; réglez mes mouvemens , dirigez mes affections , captivez mes deſirs , gouvernez ma volonté ; conſumé , & comme dévoré par vos ſaintes ardeurs , que je ne reſpire plus que pour vous , ô ! ma Lumiere , ô ! ma Voie , ô ! ma Vie , ô ! mon Tout dans ce monde & dans l'autre.

Puiſſances de mon ame, concourez à l'envi à bénir le Seigneur qui vous honore de ſa viſite; chantez ſes grandeurs, & ne tariſſez pas ſur ſes miſéricordes.

Amour & Confiance.

Me trompé-je, ô trop aimable JESUS! mon cœur me dit qu'il vous aime & vous aimera toujours. *Il eſt bon de déterminer ici le moyen que l'on veut prendre pour prouver cet amour, p. ex.* par la pratique de cette vertu N… par l'éloignement de tel vice N… par la vigilance en telle occaſion N… &c. Toujours!… puiſſe cette réſolution (à laquelle on ne ſe refuſe pas quand on vous poſſede) ne point s'affoiblir avec le temps; puiſſé-je y être aſſez fidele pour ne la rétracter jamais!…

Cependant je connois ma foibleſſe ; d'après l'expérience que j'ai du paſſé, j'ai lieu de craindre; je crains effectivement.. Quoi! une premiere occaſion feroit encore de moi un ingrat, un parjure?.. non, Seigneur, déja les délices de mon ame, devenez encore la caution de ſes ſentimens; dites lui, *je ſuis votre force*; & j'aurai dans votre parole le gage de ma fidélité.

C'est donc de votre grace que j'attends ce que j'ose vous promettre ; vous me donnerez vous-même votre amour... Ah ! donnez-le-moi de maniere que fondé sur l'affection intime & une volonté ferme, il ne souffre aucune altération ; qu'il soit fort, vigilant, zélé, immense comme vous, afin que je vous aime sans mesure, que j'aime sinon autant que vous méritez d'être aimé, je ne le puis sur la terre, du moins autant que je dois & desire vous aimer. •

Complaisance en J. C. & Dégoût du Monde.

Que je ne trouve désormais de plaisir, de repos, de vraie satisfaction, de délices qu'en vous, mon Sauveur ! soyez le seul objet de mes pensées & de mes soupirs, ô ! vous, qui par vos amabilités infinies, faites la joie des Anges & des Bienheureux dans le Ciel. Quoique vous me priviez du bonheur de vous contempler, comme eux, face à face, & de goûter sensiblement combien il est doux de vous posséder, je ne leur céderai pas en amour de complaisance pour votre adorable Humanité. Je vous vois sous le voile de la foi, cela me suffit ; ma condition sur la terre ne porte point au-delà ses vues & ses prétentions. Vous féliciter du pouvoir qui vous a été donné dans le Ciel & sur la terre, vous applaudir de l'avancement de votre regne sur les ames justes, me réjouir avec vos fervens Zélateurs, de toutes les perfections qui font de vous le plus accompli, le plus beau, le plus aimable des enfans des hommes ; voilà comment je me propose de vous prouver que vous êtes mon Tout.

Monde, ne viens plus contester à JESUS l'empire que je lui donne sur mon cœur ; cesse de vanter tes beautés, tes plaisirs, tes sociétés ; tu n'es pour moi qu'un objet vil & méprisable... Eh ! quels avantages pourrois tu présenter à une ame qui possede son Dieu & tout avec son Dieu.

Demande.

Que cette possession fasse actuellement mon bonheur & ma gloire, ma lumiere

& mon courage, je l'éprouve, Seigneur;
ce font là les fuites de votre préfence, &
les dons de votre grace : mais perfévére-
rai-je dans ces difpofitions?... ah! qui
fuis-je pour ne pas me défier de moi-
même?... fecourez-moi donc, ô JESUS,
demeurez toujours avec moi : bientôt
vous cefferez d'agir perfonnellement fur
mon ame; permettez du moins, permettez que cette délicieufe impreffion de
votre Divinité ne s'efface jamais, que toujours foumis à vos deffeins fur moi, je devienne déformais un inftrument de votre
gloire, comme je fuis déja l'objet de vos
miféricordes; que plus attentif à combat-
tre la paffion qui domine davantage en
moi, & à veiller fur mon cœur, j'en
purifie toutes les affections; que docile
aux maximes de votre Evangile, j'apprenne de vous-même la pratique de la
Douceur, de l'Humilité, de la Patience,
de l'abnégation & du parfait détachement
de moi-même, dont vous me donnez les
plus beaux exemples dans le Sacrement
de votre amour, afin que mort à tout ce
qui n'eft pas vous, ô mon Dieu, je ne

C v

penſe plus, je ne raiſonne plus, je ne me
détermine plus, je n'agiſſe plus, je ne
vive plus que pour vous. *Amen.*

L'action de graces ſe termine par le
Magnificat : *rien n'exprime les ſentimens
d'un cœur humble, tendre & reconnoiſſant
avec plus d'énergie, & en moins de paroles que ce Cantique ; il rend & peint,
comme au naturel, toute l'ame de Marie,
qui manquoit d'expreſſions pour célébrer
la faveur qu'elle avoit reçue. En le récitant avec dévotion & une entiere confiance
en cette auguſte Vierge, on peut s'aſſurer
qu'elle influera ſur nos actions, pour nous
faire paſſer ſaintement le reſte de la journée.*

LE JOUR

DE

COMMUNION.

TROISIEME PARTIE.

L'après - Midi.

EXHORTER à la vigilance sur ses sens, à de fréquents retours sur soi-même, à l'exercice aussi continu qu'il sera possible de la présence de Dieu ; à la plus exacte circonspection dans ses pensées, ses jugemens, ses desirs, ses paroles, ses actions ; à la suite de tout ce qui affoibliroit la grace du Sacrement, ce sont là des conseils que l'on croit superflus : une personne, qui a eu le bonheur de Com-

C vj

munier, en fent la néceffité, s'en fait même un devoir par refpect pour N. S.

Pour fe faciliter la pratique de ces confeils,

1°. On affiftera aux Offices Divins, au Sermon, &c. fi par état on en a le temps & la commodité.

2°. On s'interdira tout divertiffement, promenade, vifite où on courroit rifque de fe diffiper & de s'oublier.

3°. On ne fe répandra point dans les fociétés, à moins qu'elles ne foient édifiantes.

4°. On donnera plus de temps que l'on pourra à la lecture des livres de piété; ceux qui traiteront de N. S. J. C. auront la préférence.

5°. On fera à la priere du foir un examen particulier fur la maniere dont on aura obfervé ce petit réglement.

Enfin, on s'endormira dans une penfée fainte, ou en récitant quelques prieres affectueufes.

LE JOUR

DE

COMMUNION;

OU

Notre Seigneur Jesus - Christ consi-déré sous les différens rapports qu'il nous donne avec lui dans l'Eucharistie ;

Suivi de Sentimens affectueux.

Jesus-Christ, Prêtre.

Tu es Sacerdos in æternum secundum ordinem Melchisedech. Pf. 109.

Prêtre selon l'ordre de Melchisedech, vous m'offrirez un Sacrifice parfait jusqu'à la consommation des siecles.

1°. **J**ESUS-CHRIST est le Prêtre souverain & universel. Comme Prêtre souve-

rain, établi par son Pere, selon l'ordre de Melchisedech, il communique, & il n'y a que lui qui communique aux Prêtres de la Loi nouvelle, le pouvoir qu'ils ont reçu de l'offrir en sacrifice à son Pere par une immolation réelle, & d'exercer les augustes fonctions du Ministere Sacerdotal.

Il est encore le Prêtre *universel*. Ceux d'entre les hommes, qu'il a daigné associer à son Sacerdoce, ne sont que des instrumens, dont il se sert ; agissent-ils & parlent ils en son nom ? c'est lui-même qui agit & qui parle en eux ; les admirables effets de la grace qu'ils produisent, émanent de lui seul ; comme homme-Dieu, il en est la cause efficace ; comme Dieu consubstantiel à Dieu son Pere, il en est l'Auteur. Cependant *ils forment de leur propre bouche J. C. sur l'Autel*, (Ep. 1. ad Heliodor.) dit S. Jérôme ; en prononçant les paroles de J. C. qui les prononce lui-même avec eux, ils le font descendre de la droite de son Pere entre leurs mains, de maniere que J. C. se trouve tout à la fois & sur l'Autel & dans le Ciel, d'où il s'ensuit nécessairement, &

que J. C. fe reconnoît en eux , & que le peuple Chrétien voit J. C. en eux. O ! que les paroles du Prêtre , qui célebre les Saints Myfteres , que fes actions , que fes mouvemens mêmes offrent à ma foi de quoi captiver mes fens !

2°. A la qualité de Prêtre fouverain & univerfel , J. C. joint encore celle de Prêtre *éternel*. Les autres Prêtres , après un certain nombre de jours fur la terre , payent enfin le tribut à la mort ; il n'en eft pas ainfi de J. C. dit l'Apôtre , depuis qu'il s'eft reffufcité par fa propre vertu , la mort n'a plus de pouvoir fur lui : *fub-fiftant donc pour toujours, fon Sacerdoce eft éternel... Toujours vivant*, (Heb. 7 & paff.) il intercede donc pour nous dans le Ciel , où il eft entré , non pas comme les autres Prêtres de l'ancienne Loi , *avec le fang des loucs ou des veaux , mais par fon propre fang... afin d'y être conftamment préfent devant Dieu pour nous ,* comme il habite fur l'Autel tout le temps qu'il y refte des efpéces confacrées ; font-elles confommées ou corrompues? il ceffe d'y vivre de cette vie réelle qu'il s'y étoit donnée pour se la rendre chaque fois qu'on en consacrera de nouvelles; mais dans cet intervalle, il continue d'exercer pour nous son Sacerdoce en présence de son Pere. *Delà vient qu'il est toujours en état de sauver ceux qui par lui vont à Dieu.*

Voilà ce qui engageoit S. Paul à tenir ce langage aux Fideles, qu'il instruisoit; *puisque nous avons... un Grand-Prêtre qui gouverne la Maison de Dieu, approchons-nous avec un cœur sincere, dans la pléni-tude de notre foi, avec la plus exacte pu-reté de conscience* qu'il est possible d'ap-porter. Par-tout & chaque fois qu'un Prê-tre consacre, J. C. exerce donc sur la terre l'Office de Pontife, en même-temps qu'il l'exerce dans le Ciel, où *il s'est pré-senté une fois* à son Pere, *par le sacrifice de lui-même,* c'est-à-dire, de sa très-sainte Humanité.

Entretien.

Divine Eucharistie ! ô fond inépuisable de confiance pour tous les fideles ! mais quel saint tremblement, que de soins n'exigez-vous pas des ames qui se dispofent à vous recevoir ! Afpirer à une intime union avec J. C. n'eft-ce pas fuppofer, comme difpofition préliminaire, une union d'efprit & de cœur déja commencée avec l'efprit & le cœur de J. C. par la pratique conftante de la priere, par une continuelle imitation de fes vertus, fingu-liérement de la modeftie, de la mortifi-cation, de la charité, de l'humilité, &c. Que feroit - ce, fi des actions contraires détruifoient les principes de cette union fuppofée ? fi ces ames fuivoient l'impref-fion des fens, écoutoient le langage de l'orgueil, s'attachoient fervilement aux maximes du monde, de ce monde frappé d'anathême !... De quel front oferoient-elles fe préfenter à la table de J. C.

Ne permettez pas, ô JESUS ! que je fois jamais du nombre de ces téméraires : im-primez dans mon ame une crainte tou-jours refpectueufe & toujours filiale, qui me pénetre tout à la fois, & d'un fenti-ment d'horreur pour le péché qui vous déplaît, & d'un fentiment de confiance, qui n'ait d'autres bornes que celles de vos bontés mêmes.

Jefus-Chrift , Sacrifice.

*In omni loco facrificatur & offertur nomini
meo Oblatio munda.* Malach. 1.

En tout lieu on facrifie & on immole à mon
nom une Hoftie fans tache.

1°. A INSI parla le Seigneur, par la
bouche de Malachie , pour préparer les
hommes à l'idée d'un Sacrifice nouveau ,
qui feroit un jour & le vrai & le feul Sacrifice de la Loi nouvelle. L'Euchariftie
eft ce grand Sacrifice, en ce fens qu'il contient véritablement J. C. qui y devient le
Prêtre & la Victime.

Ce fut peu pour Jefus - Chrift qui
aime les ames, de s'offrir une fois à fon
Pere Célefte fur l'Autel de la Croix, il
voulut que cette pleine offrande de tout
lui-même fe renouvellât chaque jour , &
perféverât fans interruption , pour ainfi
dire, jufqu'à la fin des fiecles, *in omni
loco facrificatur.* Il n'eft point de jour en
effet, où il ne s'immole lui-même fur

nos Autels par la main des Miniſtres, qu'il s'eſt aſſociés dans les auguſtes fonctions de ſon Sacerdoce.

Des hommes devenir les Aſſociés de l'Homme Dieu, pour offrir & faire agréer un Sacrifice au Dieu du Ciel & de la Terre!... O! comble d'honneur! quelle ſource intariſſable de reconnoiſſance pour le ſimple fidele, pour qui un Dieu Pere ſuſcite tant de Coopérateurs de ſon Fils Dieu!...

2°. J. C. s'immole entiérement ſur l'Autel : ſon corps, ſon ſang, ſon ame avec ſes facultés, tout, ſans même en excepter la gloire & les honneurs, dont jouit ſon Humanité ſainte dans le Ciel, tout y devient la matiere de ſon offrande, en ſorte qu'il ne ſe réſerve abſolument rien. Bel exemple! ſe pourroit-il que nous y fuſſions inſenſibles, & que delà nous ne nous portaſſions pas à faire à Dieu une pleine offrande de notre entendement, de nos affections, de nos ſentimens, de tout nous - mêmes?

Eh, que ſeroit-ce en effet qu'un ſacrifice où le cœur n'entreroit pour rien? un ſacrifice en idée, la chimere d'un ſacrifice;

ce qui en fait l'essence, c'est le cœur, un cœur entiérement dévoué à Dieu, un cœur qui en s'attachant même à quelque objet, ne l'aime & ne s'y attache que pour Dieu. Vous donc, ô mon ame, qui aspirez à vous unir par la Communion à JESUS sacrifié, condamnez en vous tout ce qui seroit capable de blesser les regards d'un Dieu jaloux.

3°. Non seulement Jesus-Christ s'offre lui-même à son Pere, & lui est offert par ses Ministres, mais il veut encore que tous les fideles, chacun en particulier, s'unissent à lui, & exercent pour les mêmes fins la fonction de Prêtre, avec cette différence cependant, que le Sacerdoce des uns n'est pas le Sacerdoce des autres.

La Loi de Moyse ordonnoit au peuple d'offrir le Sacrifice, c'est-à-dire, de conduire la victime au Prêtre, qui avoit seul le pouvoir d'immoler cette victime à la gloire de Dieu : mais dans la nouvelle Loi, c'est le Prêtre lui-même, qui rend la victime présente en l'immolant, & le peuple Chrétien ne fait que l'offrir à Dieu par les mains du Prêtre, la

feul qui foit député par l'Eglife pour con-
fommer le Sacrifice. Le Peuple fidele eft
donc un *Sacerdoce royal*, comme les Juifs
étoient un *Royaume Sacerdotal* ; (1. Pet.
2.) fa qualité de Chrétien le confacre au
culte de Dieu, *pour lui offrir* non-feulement *les victimes fpirituelles* de leurs
bonnes œuvres, mais encore la *Victime
Immaculée*, qui eft Jefus-Chrift. Comment ? par Jefus-Chrift même & fes Miniftres : & quel avantage peut-il tirer de
ce Sacrifice ? un avantage proportionné
au refpect intérieur & extérieur qu'il y
apporte.

Quelle matiere à fa reconnoiffance
pour Jefus-Chrift ? quels fentimens d'a-
doration, d'amour, de douleur de fes
péchés, de zele & de généroſité au fervice
de Dieu, ne doit-il point porter aux pieds
de J. C. qui lui donne tous les jours
l'exemple d'un facrifice réel & entier !...

Entretien.

O JESUS ! devenu pour moi un facrifice non-interrompu, vous avez toute
forte de droits à ma reconnoiffance !....

que vous répandiez votre Sang sur la
Croix, ou que vous l'offriez sur l'Autel,
là, c'est votre amour qui l'a répandu ; ici,
c'est votre amour qui l'offre, c'est toujours l'amour qui vous immole. O Amour !
puissiez-vous embraser le cœur de tous
les hommes ! puissé-je moi-même en être
consumé !...

　Vœu juste, mais hélas ! vœu tardif !
mes jours se sont écoulés dans une inaction, qui détruit l'amour : ah ! que je
vous aime enfin, trop aimable Jesus ! s'il
ne m'est point donné de mourir avec vous
sur la Croix, que je trouve au moins dans
l'Euchariſtie le principe d'une vie qui ſoit
toute en vous, toute de vous, toute pour
vous ; offrez-moi vous-même & avec
vous-même au Pere Céleſte ; ne ſouffrez
pas que ſur le même Autel, où je paroîtrai à ſes yeux pour ne faire qu'un ſeul &
même ſacrifice avec vous, j'apporte rien
d'étranger à votre zele pour ſa gloire, rien
qui ſoit indigne de votre amour.

Jesus-Christ , Sacrifice Eucharistique.

Gratias agentes Deo & Patri per ipsum ,
(Jesum Christum). Col. 3.

Rendez par Jesus-Christ des actions de graces
à Dieu le Pere.

1°. **L**ES Israélites appelloient sacrifice
Eucharistique , celui qu'ils offroient à
Dieu *pour témoigner leur reconnoissance ,*
.(Lev.7); & Dieu l'avoit ainsi ordonné pour
apprendre aux hommes qu'ils tenoient
tout de sa main. Que possedent-ils en
effet qu'ils n'aient reçu de cette paternelle
main , soit dans l'ordre naturel , soit dans
l'ordre spirituel ? Tous sont donc dans
l'étroite obligation de s'écrier avec David , *comment reconnoîtrai-je , Seigneur ,*
votre générosité à mon égard , (Pf. 115),
& d'ajouter avec lui , *vous êtes mon Dieu ,*
vous n'avez pas besoin de mes biens ; (ibid.
20.) Non , ces biens mêmes , quoiqu'ils
prennent leur source dans la libéralité
Divine , n'offrent pas , à les apprécier dans

leur nature, une aſſez ample matiere à notre reconnoiſſance.

Auſſi le Prophete - Roi, après avoir avoué ſon impuiſſance en ce genre, s'en conſole par l'eſpérance qu'il a *d'offrir* un jour *un ſacrifice d'actions de graces au Seigneur, & de louer ſon ſaint nom*: (ibid.) par-là, il ſaluoit le Sauveur promis, dont il voyoit déja le Sang adorable couler ſur nos Autels. Oui, la foi lui donnoit dès-lors à comprendre que tous les ſacrifices qu'il offroit pour exprimer ſa gratitude, n'étoient d'aucune valeur, & ne pouvoient par conſéquent acquérir un prix ſuffiſant, que par leur union au Sacrifice du Médiateur futur, dont les mérites infinis ont commencé à répandre leur divine influence dès l'origine du monde.

Ce n'eſt donc que par J. C. que nous pouvons rendre à Dieu le Pere de dignes actions de graces, & les rendre de maniere qu'elles nous deviennent perſonnellement propres, tant que nous demeurons nous mêmes unis à J. C.

2°. Les biens dont Dieu nous comble, méritent ſans doute d'exciter dans nos

cœurs

cœurs les sentimens d'une tendre reconnoissance ; sentimens qui le flattent, & qui l'engagent de plus en plus à soulager notre indigence par de nouvelles faveurs. Mais comment parviendrions-nous à remplir ce devoir de justice dans son étendue, si Jesus-Christ, comme source des vrais biens, & le canal par lequel les dons du Pere Céleste coulent dans nos ames, ne s'étoit donné à nous sous les voiles Eucharistiques.

Ne passons pas rapidement sur l'immense charité que nous témoigne ce Dieu-Pere, en nous donnant dans la personne de son Fils unique, le moyen de nous acquitter à son égard, & de lui rendre tout ce que nous en avons reçu : il a à ce titre seul des droits incontestables sur notre reconnoissance ; reconnoissance, dont le motif doit particuliérement agir sur nous, quand nous nous préparons à la sainte Communion, & que nous paroissons au sacrifice de la Messe.

Et comment pourroit-il se faire qu'elle ne fût point alors des plus vives en nous, cette reconnoissance ? tout nous y rap-

D

pelle, soit la conduite que tint Jesus-Chrift, (Matt. 25.) qui n'inftitua le Sacrement de l'Euchariftie qu'après avoir rendu graces à fon Pere, foit l'attention de l'Eglife, qui, ordonnant à fes Miniftres d'élever la voix pour nous avertir que des liens d'une même reconnoiffance nous attachent au Seigneur notre Dieu, nous indique, dans l'impuiffance où le néant nous réduit, N. S. J. C. comme unique Médiateur, à qui il appartient de faire agréer nos actions de graces, *Per Chriftum Dominum noftrum.* (Præfat. Miffæ.)

3°. Un cœur bien né, qui fent tout ce qu'il doit à fon Bienfaiteur, faifit avec empreffement la circonftance où il peut s'expliquer, & s'ouvrir des beaux fentimens qui l'animent. Le fidele fe fera donc un devoir & un plaifir délicieux de s'unir, finon toujours en perfonne, du moins d'intention au Prêtre, qui célébre les Saints Myfteres : négliger l'un, & n'être point affecté de l'autre, annonceroit une ingratitude monftrueufe.

Quoi ! il auroit la facilité de rendre à Dieu des actions de graces dignes de fa

Majesté suprême , & sans apprécier le
moyen dans sa juste valeur, il le regarderoit
d'un œil indifférent?.. ah ! il tiendroit une
conduite très-injurieuse à Dieu, parce que
dans cette supposition, ou il mépriseroit ses
bienfaits, ou il les réputeroit comme un
bien qui lui seroit dû : de plus , il com-
mettroit envers lui-même la plus grande
injustice, puisqu'il forceroit par-là Dieu à
fermer sa bienfaisante main , & à l'abandonner au malheureux sort de son indigence.

Entretien.

L'intervalle, qui se trouve entre Dieu
& moi , m'ôte la satisfaction de lui offrir
un tribut de reconnoissance, qui soit proportionné à ses faveurs. Que lui présente-
rois-je , hélas!... Cependant renoncerai-je
au desir , que je forme , de remplir cette
partie du sentiment ? non , je m'unirai à
Jesus , qui s'offre à Dieu pour moi , &
il le satisfera : je dirai à Dieu, Seigneur ,
je tiens de votre bonté tout ce que je possede & tout ce que je suis ; je n'ai par
moi-même rien à vous donner en échange

de vos graces, puifque je vous appartiens tout entier : il ne me refte donc que le vœu d'une reconnoiffance autant ftérile qu'impuiffante ?... je me trompe ; voici JESUS votre Fils ; non-feulement il peut, mais il veut prendre ici ma place ; il permet que je vous offre fa Perfonne, fes Mérites, fon Sang : entiérement dévoué à mes ufages, il me cede tout ce qu'il eft par nature, afin de fatisfaire pour moi à votre bienfaifance : j'en conviens, Seigneur, vos dons font par leur excellence au-deffus de mes expreffions, mais celui que je vous offre dans la perfonne même de votre Fils, eft un don d'un ordre bien fupérieur encore.

Jeſus-Chriſt, Sacrifice propitiatoire.

Ecce Agnus Dei, ecce qui tollit peccatum mundi. Joan. 1.

Voilà l'Agneau de Dieu, voilà celui qui efface le péché du monde.

1°. ON entend par Sacrifice propitiatoire, celui que l'on offre à Dieu pour l'engager à nous pardonner nos péchés, & à se relâcher des droits de sa justice. Jamais l'homme pécheur n'a pu par lui-même, ou par les nombreux sacrifices des animaux qu'il égorgeoit, déterminer Dieu à l'un ou l'autre de ces effets. Cette impuissance n'empêchoit pas qu'il n'y eût dans l'ancienne Loi des *sacrifices* prescrits *pour les péchés*; (L.évit. 4, 6, & seq.) pourquoi ? parce que dès les premiers âges du monde, Dieu avoit promis à l'homme coupable un Rédempteur, dont le Sang seroit un jour répandu pour la rémission des péchés. Or, Dieu par cette promesse avoit voulu que le sang des Victimes im-

D iij

molées, devînt la figure du Sang de Jesus-Christ, & que du moment où il parloit à Israël par Moyse, jusqu'au moment où naîtroit ce Pacificateur desiré, les hommes fixassent sur lui les yeux de la foi, & missent en lui toute leur espérance.

Nous jouissons aujourd'hui du bien que nos Peres ne faisoient qu'entrevoir; Jesus-Christ a répandu son sang sur la Croix pour effacer nos péchés ; *voilà cet Agneau mis à mort dès l'origine du monde*, (Apoc. 13.) dit S. Jean ; parce que *dès l'origine du monde*, Dieu a pardonné aux pécheurs en vue des mérites & du sang de *cet Agneau* ; sang que Jesus-Christ a réellement offert, quoique d'une maniere invisible, lorsqu'il institua l'Eucharistie. *Hic est enim sanguis meus*. (Matt. 24.)

2°. Tel est notre état d'infirmité dans cette vallée de larmes, que personne ne peut sans orgueil se dire exempt de péché ; & supposât-on d'ailleurs que Dieu nous eût pardonné nos péchés dans le tribunal de la réconciliation, il en reste toujours des peines à subir. C'est pour cela que J. C. après avoir accepté pour nous la mort fur la Croix, eſt retourné dans le ſéjour de la gloire, afin d'y paroître devant ſon Pere, comme *une Victime de propitiation pour nos péchés.* (1. Joan. 2.)

Or, cette fonction de Pontife, qu'il exerce pour nous dans le Ciel, il l'exerce ſur l'Autel ſous les eſpeces du pain & du vin ; c'eſt-à-dire, qu'il demande pour chacun de nous à ſon Pere les ſecours dont nous avons beſoin pour arriver à la parfaite rémiſſion de nos offenſes, & qu'en lui préſentant le ſang qu'il a verſé, & qu'il ne ceſſe de verſer encore pour notre ſalut, il lui offre une ſatisfaction d'un prix infini ; & par-là même, plus que ſuffiſante pour déſarmer ſa juſtice.

Voilà juſqu'où nos miſeres touchent le cœur de JESUS ; c'eſt ainſi qu'il nous aime, *ecce quomodò amabat* : (Joan. 11.) Au centre de la Béatitude Céleſte, dont jouit ſon Humanité ſainte, il s'occupe & ne ſemble s'occuper que de nos intérêts : s'il a voulu demeurer parmi nous juſqu'à la fin des ſiecles, ce fut pour continuer d'offrir ſur la terre le même ſacrifice qu'il offre dans le Ciel. Quelle plus admirable invention de son amour pour les hommes!

3°. L'Eucharistie nous tient donc lieu d'un sacrifice, en vertu duquel les mérites de Jesus-Christ sont appliqués à nos ames. Prenons garde néanmoins, Dieu veut que nous concourions à cette application; il veut que, toujours unis à Jesus-Christ, nous prions lorsqu'il prie, nous nous offrions lorsqu'il s'offre; il veut que, prosternés aux pieds des saints Autels, où ce Fils généreux sollicite notre pardon par la voix de son sang, nous brisions nos cœurs du plus vif regret, & que nous nous condamnions à quelques œuvres de pénitence, soit en observant ce que la Religion ordonne, soit en acceptant avec courage & résignation les adversités de la vie que Dieu envoie toujours, ou pour tirer vengeance de nos infidélités, ou pour mettre notre amour à l'épreuve.

Or, parmi tous les Chrétiens, que tout engage à vivre dans cette intime union avec J. C. l'ame pieuse ne doit-elle pas aspirer à occuper le premier rang, elle, qui se l'incorpore si souvent par la Communion? Qu'elle dise donc à Dieu, *par-*

donnez, Seigneur, pardonnez à votre peuple : Ecoutez du haut du Ciel la priere que nous vous adreſſons avec Jeſus-Chriſt, qui dans les jours de ſa chair mortelle ayant offert à votre Divine Majeſté des prieres & des ſupplications, accompagnées de cris & de larmes, en fut exaucé pour ſa ſoumiſſion reſpectueuſe. (Joël 2. 3 , Reg. 8. Heb. 5.)

Entretien.

Egliſe ſainte, ſentez tout votre bonheur, & treſſaillez d'alégreſſe ; vous ſeule au monde poſſédez le Sacrifice par excellence, puiſqu'il a la vertu, & d'obtenir la rémiſſion des péchés, & de ſatisfaire à la Juſtice Divine : oui, voilà le magnifique préſent que vous avez reçu des mains de votre Epoux mourant ſur la Croix, pour que vous l'appliquaſſiez vous-même aux Enfans qu'il vous engendroit alors par l'effuſion de tout ſon Sang : je ſuis du nombre de ceux qui ſe félicitent de vous avoir pour Mere ; ſorti de votre ſein, je veux y mourir : verſez donc ſur mon ame les influences de cet auguſte Sacrifice ;

mettez en moi les difpofitions qui me
préparent à en recueillir les grands avantages, particuliérement un fincere regret
de mes péchés, & un courage dont je
manque encore (je le dis à ma honte)
pour m'appliquer par mes propres fouffrances le fruit des fouffrances de J. C.

Infpirez-le-moi vous-même, ô Divin
JESUS! ce courage néceffaire; faites que
par la conformité de ma vie avec la vôtre,
je vous aime autant que vous méritez d'être
aimé, foit dans le Ciel où votre Trône de
gloire eft un Autel toujours dreffé, & fur
lequel vous ne ceffez de vous offrir pour
moi à votre Pere; foit fur la terre, où nos
Autels vifibles fe changent en autant de
trônes de grace, de miféricorde & d'a-
mour.

<hr>

Jesus-Christ, Sacrifice impétratoire.

*Omne datum optimum & omne donum perfec-
tum de sursum est, descendens à Patre Luminum.*
Jac. 1.

Toute faveur insigne, tout don parfait vient
d'en haut, & descend du Pere des Lumieres.

1°. INDIGENS de notre fond, nous n'a-
vons rien, sur quoi nous puissions établir
un seul titre de propriété réelle : les paroles de Job, appliquées à notre état de dénuement sur la terre, nous conduisent naturellement à cette sentence, la Pauvreté
est mon pere, & j'ai appellé les Miseres
ma mere & mes sœurs. Voilà ce que nous
professons ouvertement, lorsque par nos
vœux nous conjurons le Seigneur d'écarter de nos têtes les périls qui nous environnent, de nous soustraire aux calamités
qui se succedent pour notre tourment,
d'arrêter le cours des infirmités qui consument nos corps, enfin de fixer sur
nous les regards de sa paternelle Providence; de maniere que rentrant alors en

D vj

nous-mêmes, & désavouant, presque sans y penser, ce langage de suffisance qui nous est si naturel, nous ne nous reposons que sur Dieu pour le corps & pour l'ame, pour le temps & pour l'éternité.

Oui, c'est sur ces objets & sur d'autres semblables que portent nos vœux, tant la dépendance où nous vivons, parle à nos ames avec empire. Mais ces prieres & ces vœux, pourquoi les articuler ou même les former intérieurement au fond du cœur, où Dieu se trouve comme Scrutateur souverain ? La connoissance qu'il a de nous mêmes, n'est-elle pas un motif qui le détermine suffisamment à nous soulager dans nos besoins ? non sans doute : quoiqu'il connoisse notre indigence, il aime que nous nous en entretenions en sa préfence, que nous la lui avouïons, afin que cet aveu publie hautement qu'il n'a besoin de personne, comme il n'est dans le monde personne qui n'ait besoin de lui : c'est ce que nous insinuoit notre Divin Maître, quand il disoit, *il faut toujours prier.* (Luc. 18.)

2°. Cependant n'oublions pas que nos

prieres font fort impuiffantes d'elles-mêmes ; difons plus , *nous ignorons ce qu'il
faut demander & comment il faut demander.* (Rom. 8.) Qu'a donc fait J. C. con-
féquemment à cette impuiffance que nous
éprouvons quant à l'exercice de la priere ?
d'abord il nous a appris l'art de prier ;
*voici comment vous vous énoncerez , Notre
Pere, qui êtes aux Cieux ,* &c. (Matt. 6.)

Par ce début , il montre qu'il faut aller
à Dieu avec toute la confiance qu'infpire
un bon Pere à un enfant bien né ; il affi-
gne à notre foi la jufte matiere à nos
vœux ; il nous met dans la bouche fes
propres paroles , comme infiniment efficaces fur l'efprit de Dieu fon Pere ; enfin ,
lorfqu'il s'anéantit pour nous dans l'Euchariftie , il nous fait entrer en poffeffion
de fes mérites , il veut que nous les offrions à fon Pere par forme de compenfa-
tion pour tous les bienfaits que nous en
recevons.

Oui , Jefus-Chrift dans l'Euch[...]
prie pour nous , & [...]
pour nous devant [...]
Majefté le prix [...]

demption ; offrande que Dieu accepte toujours avec un plaisir nouveau ; il avoit dit de Jesus-Christ par Isaïe, *s'il meurt pour effacer le péché, il engagera le Seigneur à faire toutes ses volontés.* (Is. 53.) Le Pere Céleste veut donc tout ce que J. C. veut, en sorte que la priere de Jesus-Christ pour nous a toujours son effet, à moins que la dépravation de notre volonté n'y apporte obstacle : Jesus-Christ nous a donné à comprendre l'une & l'autre de ces vérités.

Ici il disoit avec assurance à son Pere, **Pere** saint, *je vous rend graces de m'avoir exaucé, je savois au reste que vous m'exauciez toujours.* (Joan. 11.) Là Saint Marc observe que Jesus-Christ n'a fait dans sa patrie qu'un petit nombre de miracles ; pourquoi ? parce que ses Concitoyens *se scandalisoient à son sujet.* (Marc. 6.) Ainsi, arrive-t-il, que par les obstacles que nous mettons à la priere de J. C. nous bornons souvent sa puissance ; or, ces obstacles sont & la langueur de notre foi & le peu de rapports qui se trouve entre sa volonté & la nôtre.

3°. Comment donc se fait-il que nous n'obtenons pas toujours ce que nous demandons à la sainte Messe ou dans une Communion ? écoutons la réponse de S. Jacques ; *vous demandez, & vous ne recevez pas, parce que vous demandez mal.* (Jacq. 4.) Oui, nos vœux portent communément sur des objets, ou qui servent à nourrir en nous la concupiscence, ou qui étant légitimes de leur nature, ne laissent pas d'être en nous l'effet d'*un esprit double* (ibid.), de maniere que nous appréhendons souvent d'obtenir ce que nous demandons.

Quel rapport de semblables prieres auroient-elles avec la priere de Jesus-Christ ? Eh ! n'a-t-il pas droit ce Divin Médiateur de se plaindre par son Prophete, que *vos iniquités ont élevé un mur de division entre vous & votre Dieu ; & que vos péchés sont un voile qui le cache à vos yeux... Vos levres proférent le mensonge, & votre langue exprime* toute *la corruption de votre cœur.* (Is. 59.)

De plus, Jesus-Christ exige que nous demandions en son nom avec la ferme con-

fiance d'être exaucés : *tout ce que vous de-*
manderez avec foi dans la priere, vous
l'obtiendrez : (Matt. 21.) il dit avec foi,
car celui qui chancelle , lorſqu'il prie , *eſt*
ſemblable aux flots de la-mer , que le vent
agite & pouſſe de tous côtés : qu'un tel
homme ne croie donc pas recevoir quelque
choſe du Seigneur. (Jacq. 1.)

Entretien.

Félicitez-vous , ô mon Ame, d'avoir
en Jeſus-Chriſt un ſi grand Pontife, un
Médiateur ſi puiſſant auprès du Pere Céleſte , un Avocat toujours aſſuré de gagner ſa cauſe, quand il fait parler ſon
Sang pour vous , ſoit dans le Ciel, ſoit
dans l'Euchariſtie. Quelle reſſource pour
vous dans l'état d'indigence où vous êtes
réduite ? ah ! connoiſſez tout ce que vaut
le Sang d'un Dieu ; ſon prix eſt tel qu'a-
vec lui vous pouvez acquérir & acheter,
pour ainſi dire, tous les biens ſurnaturels.

Dieu ne vous doit rien ; vous vous devez toute entiere à lui ; cependant il s'engage à ne vous rien refuſer , ſi pendant le
ſacrifice que lui offre ſon Fils, vous lui

demandez quelque grace: mais souvenez-vous de demander ce que Jesus-Christ demande pour vous, & d'apporter à votre priere la même confiance, le même esprit, la même pureté d'intention, la même ferveur que Jesus-Christ. Ainsi conçues, vos demandes deviendront les demandes de Jesus-Christ même ; vous obtiendrez tout ce que vous desirerez. Une honteuse & criminelle indigence a-t-elle été votre partage jusqu'à ce jour? c'est que vous n'avez rien demandé au nom de Jesus, ni le mépris du monde, ni le zele pour votre perfection, &c.

Jefus-Chrift eft notre Victime.

Unam pro peccatis offerens (Jefus-Chriftus) hoftiam , in fempiternum fedet in dexterâ **Dei.** Heb. 10.

Jefus-Chrift après avoir offert une feule Victime pour les péchés , eft affis pour toujours à la droite de Dieu.

1º. PAR la Loi de Moyfe , que nous avons déja citée , le peuple Juif étoit chargé de conduire aux Prêtres les Victimes qui devoient fervir au facrifice. Ufage qui n'a point lieu dans la nouvelle Loi : Jefus-Chrift notre Prêtre fouverain , univerfel & éternel, rejette toute hoftie étrangere ; c'eft fon Corps & fon Sang qu'il immole par lui-même & par la main de fes Miniftres. Ce qu'il fit une fois fans le fecours de perfonne fur le Calvaire , il le réitere donc tous les jours dans nos Sanctuaires avec fes Miniftres.

Sur l'un & l'autre de ces deux Autels , eft la même Victime & le même Sacrificateur : il n'y a de différence que dans la maniere dont se fait l'immolation ; c'est-à-dire, que Jesus-Christ agit sur nos Autels, comme il en a agi dans la Cene derniere, qu'il célébra avec ses Apôtres ; là, en instituant l'Eucharistie, il s'offroit de ses propres mains à son Pere, & donna aux Apôtres le pouvoir de faire ce qu'il faisoit lui-même ; pouvoir de se servir de ses paroles, pouvoir de l'appeller du Ciel en terre, pouvoir de le rendre présent dans l'Eucharistie, pouvoir de l'immoler. Jesus-Christ est donc la Victime & la seule Victime de la Loi nouvelle.

2°. Les Prêtres de l'ancienne Loi se nourrissoient des Victimes offertes ; ainsi, en est-il dans la nouvelle. Les Prêtres se nourrissent de la Victime qu'ils immolent. Celles-là ne servoient qu'à entretenir une chair périssable & mortelle, sans influer sur l'ame ; celle-ci produit des effets tout contraires, ce n'est pas sur ce corps de boue qu'elle opere, mais sur l'ame & ses facultés spirituelles. Celles-là se consumoient, & passoient comme d'autres alimens grossiers, en la substance des Prêtres ; celle-ci a cela de particulier, que celui qui s'en nourrit, ne forme en quelque forte qu'une même fubftance avec lui.

Dans l'inftant que le Fidele a goûté de cette Victime par la Communion, fon cœur devient comme un Autel, où Jefus-Chrift continue de s'offrir à fon Pere, jufqu'à ce que les efpeces facramentelles foient confommées : en forte qu'il peut alors & s'écrier avec David, *je le prierai* au fond de mon cœur, *ce Dieu* qui eft l'Auteur *de ma vie*, (Pf. 41.) & dire avec lui, Dieu fuprême, je n'éprouve que trop fenfiblement l'impuiffance où je fuis de vous rendre un culte qui vous honore dignement ; mais *jettez les yeux fur votre Chrift*, voyez en lui la Victime qui s'offre à vous, je le porte au-dedans de moi-même ; c'eft en conféquence de l'union intime qu'il me donne avec lui que je m'offre à vous : ce Fils, fi cher à votre cœur, réduit en cet état par amour pour moi, a fans doute de quoi fuppléer à mon indigence, puifqu'il partage avec vous toutes les richeffes de la Divinité ;

Il veut bien permettre que tout ce qu'il a m'appartienne; eh bien, j'ai fait usage de ses mérites infinis pour rendre à votre Majesté un hommage digne d'elle.

3°. Mais quelle conduite doit tenir un fidele, qui est appellé à l'honneur de se nourrir d'une telle Victime? Saint Paul remarque que ceux qui mangent des viandes immolées aux Idoles, participent à la table des Démons; par conséquent celui qui se nourrit de ce qui a été immolé au Seigneur, doit participer à la nature des Anges, c'est-à-dire, briller de tout l'éclat des Vertus.

Allons plus loin : ce fidele, lorsqu'il se nourrit de la Victime sainte, qui est Jesus-Christ même, se trouve dans l'étroite obligation de ne faire qu'un avec Jesus-Christ; de maniere que ses pensées, sa volonté, son amour, sa haine, ses sentimens soient les sentimens de Jesus-Christ même; de maniere encore qu'uni très étroitement à Jesus-Christ, il puisse affirmer dans la sincérité de son cœur, *ce n'est plus moi qui vit, mais c'est Jesus-Christ qui vit en moi.* (Gal. 2.) Ce qui

fait dire à Saint Paul, qu'avoir part à la
Table du Seigneur & à la table des Démons, font deux chofes incompatibles;
& qu'entend-il par ces paroles? que celui
qui boit à la coupe des Démons, ne reçoit pas véritablement Jefus-Chrift dans
l'Euchariftie? non, mais feulement qu'il
ne retire point de la Manducation réelle
de Jefus Chrift l'avantage que ce Divin
Sauveur y a attachée; favoir, de vivre
pour lui & en lui. *Ipfe vivet propter me.*
(Joan. 6.)

Entretien.

Comprenez, ô mon ame, comprenez,
fi vous le pouvez, à quel haut point d'honneur & de grace le Seigneur vous éleve par
l'Euchariftie; jugez du bonheur que vous
avez de faire partie d'un peuple fi favorifé
du Ciel : en eft-il fur la terre qui approche d'auffi près la Divinité par les rapports
que lui donne la grandeur & la fainteté
de fon Culte? en eft-il qui puiffe fe flatter de préfenter à Dieu une Victime digne
de lui, une Victime-Dieu? Sentez donc
tout le prix de la faveur que Jefus-Chrift

vous a faite ; cette faveur n'eſt rien moins que le don de lui-même : demandez-lui les lumieres néceſſaires pour l'apprécier dans ſa valeur, & pour y correſpondre avec une fidélité toujours nouvelle.

Au reſte, n'approchez jamais de la Table du Seigneur ſans vous éprouver vous-même, ſans interroger votre conſcience, ſans porter la ſonde dans les plis & les replis de votre cœur ; renoncez à tout ce qui eſt en vous l'œuvre du Démon : alors pleine de confiance en Jeſus-Chriſt qui vous invite, dites-lui, Victime adorable, ô JESUS ! purifiez-moi vous-même des plus légeres ſouillures qui vous déplairoient encore en moi : que ma préparation à vous recevoir ſoit une ferme réſolution de ne vivre plus que pour vous : vous êtes la Victime de votre amour pour moi, que je vive enfin victime de la reconnoiſſance que je vous dois. *Amen.*

Jeſus-Chriſt eſt notre Holocauſte.

Holocautomata... non placuerunt : tunc dixi ; ecce venio. Heb. 10.

Les holocauſtes ne vous ont point été agréables : j'ai dit alors , voici que je viens.

1°. ON entendoit par Holocauſte le ſacrifice qu'on offroit au Seigneur , pour reconnoître ſon Domaine ſouverain , & pour appaiſer ſa juſtice. Il étoit ainſi appellé parce qu'il ne reſtoit rien de la victime , & que le feu la conſumoit toute entiere. Voilà ſans doute ce qu'il y avoit de plus parfait dans l'ordre des ſacrifices : cependant quelle force pouvoient-ils avoir par eux-mêmes ? Aucune , dit S. Paul.

Auſſi fait-il dire à J. C. au moment qu'il entra dans le monde ; Pere ſaint , Dieu ſuprême , *vous n'avez point voulu de victimes ni d'oblations , mais vous m'avez revêtu d'un corps ; les Holocauſtes pour le péché ne vous ont point été agréables ; j'ai dit alors : voici que je viens (cela eſt*
écrit

*écrit de moi à la tête du livre) pour faire,
mon Dieu, votre volonté. (Heb. 10).*

Que signifient ces paroles ? que J. C.
a paru sur la terre pour être lui-même
un sacrifice propre à honorer le Domaine
de Dieu , & à ménager aux hommes leur
réconciliation. Mais avant que ce double
prodige s'opérât sur la Croix , déja le sacrifice de J. C. avoit été consommé , déja
il avoit eu son effet dans la derniere
Cene , puisqu'il s'y étoit immolé à Dieu
son Pere.

Or , c'est ce même Corps , c'est ce
même Sang que les Prêtres de la nouvelle Alliance offrent encore dans l'Eglise.
Et voilà l'Holocauste , par lequel nous
honorons Dieu de la maniere la plus excellente qu'il y ait au monde. Ainsi recon-
noissons-nous le souverain domaine qu'il
exerce sur nous ; comme ses sujets à toute
sorte de titres , nous lui devons un tribut
sans doute ; eh bien , J. C. immolé le
paye pour nous ; je dis plus , il devient lui-
même notre tribut.

2°. C'est égaler les Anges dans leur
ministere , que de célébrer ou de s'unir

au Prêtre , qui célebre le Saint Sacrifice ,
puifqu'à leur exemple nous louons, adorons & glorifions Dieu par J. C. Oui ,
nous fommes parvenus à ces tems heureux, dont le Sauveur parloit à la Samari-
taine, quand il lui difoit : *voici l'heure & le
moment où les vrais adorateurs adoreront
le Pere en efprit & en vérité.* (Joan. 6).

Que le peuple Chrétien apprenne delà
& n'oublie jamais combien il lui eft avantageux d'affifter tous les jours à cet augufte
facrifice ; qu'il y apporte cette tendreffe
d'affection, dont il eft capable , foit que
le précepte l'y oblige , foit que la piété
feule l'y conduife.

3°. Mais comment l'Euchariftie con-
tient-elle J. C. fous la qualité d'Holocaufte ? ainfi que dans l'ancienne Loi , y
eft il véritablement confumé par l'action
d'un feu réel ? Mais ce feu n'a point agi
fur fon corps facré, lors même qu'il expira
entre les bras de la Croix? & cependant il
n'en fut pas moins un Holocaufte parfait.
En effet l'Holocaufte étoit parfait, quand
après la deftruction de la victime il ne
reftoit que des cendres & du fang, dont

on faisoit aspersion sur l'Autel & sur le peuple afin de le purifier.

Or, J. C. mort sur la Croix, en fut détaché pour être mis dans le tombeau : il ne resta de son Humanité sainte que du sang, qui, effaçant par sa vertu ce redoutable *arrêt de mort porté contre nous,* (Col. 2.) servit dès-lors, & sert encore tous les jours à laver nos ames du péché qui les souille.

Jesus - Christ vit donc dans l'Eucharistie d'une vie toute mystique. En cet état il renonce à faire usage & des facultés extérieures, qui sont relatives à son Humanité, & de ses facultés spirituelles pour les consacrer uniquement à Dieu son Pere, & les consumer pour sa gloire dans le feu de son amour : & c'est là précisément le genre de mort, qui honore la Divinité d'un honneur infini, où jamais ne pourront atteindre toutes les victimes du monde ; oui, mort réelle de J. C. qui ne tarde pas à trouver son tombeau dans le cœur de son Ministre. Il ne reste donc rien de Jesus - Christ sur l'Autel, sinon un certain respect que sa pré-

sence y a imprimé. Il y est donc véritablement un Holocauste pour nous.

Entretien.

Je ne veux plus faire qu'une même
chose avec vous, ô mon Sauveur! voilà
le projet que je forme en votre présence,
& dont j'éprouve d'autant plus la nécessité, que séparé de vous je n'ai pu ni louer
ni adorer Dieu d'un culte agréable à ses
yeux, sur-tout si j'ai négligé d'agir avec
cette pureté d'intention qui vous immole
aujourd'hui sur cet Autel. Ah! que cet
acte généreux, qui annonce toute la force
de votre amour pour moi, s'imprime bien
avant dans mon ame; que rien ne soit
capable d'en effacer le souvenir; qu'il devienne pour moi un motif puissant, qui
me détermine enfin à bannir du culte que
je professe, tout ce qui porte le caractere de la négligence & de la tiedeur.

Je ne puis par moi-même aller à Dieu;
c'est un aveu que m'arrachent mes infidélités plus encore que ma foiblesse; mais
avec vous, ô JESUS! je paroîtrai avec
confiance devant son Trône, j'y serai

écouté, exaucé même, parce qu'une fois réuni à vous par la Communion, je participerai aux droits que vous donne votre Confubftantialité avec le Pere.

Cependant mes nombreufes iniquités venant ainfi à difparoître à l'ombre de votre fainteté, confentirois - je encore à m'éloigner de vous ? Qu'une telle indifférence me rendroit coupable ! je ferois un ingrat, un perfide.... Ce malheur ne m'arrivera pas, j'ofe l'efpérer de votre grace ; votre cœur embrafera le mien.

Penfées, defirs, volontés, actions, je foumets à votre empire tout ce que je fuis & tout ce que j'ai. Si jufqu'à ce jour j'ai cherché à m'y fouftraire, j'ignorois ou j'affectois d'ignorer l'étendue de vos droits fur moi ; conduite que je condamne ; oui, dès ce moment je vais mourir de cette mort myftique, dont vous mourez vous-même pour honorer Dieu dans fes ineffables attributs.

Accordez-moi, Seigneur, le courage dont j'ai befoin pour exécuter cette réfolution ; *protégez-moi felon vos promeffes*, afin que mon ame foutienne la multitude des épreuves qui l'attendent ; *que je n'aie pas la honte de voir mes espérances confondues.* (Pf. 118).

Jesus-Christ est lui-même le monument de sa Mort.

Hoc facite in meam commemorationem. Luc. 22.

Faites ceci en mémoire de moi.

1°. QUAND Jesus - Christ a institué l'Euchariftie, il a prétendu établir parmi nous un figne, le figne le plus propre par fa nature à nous rappeller fon immenfe charité pour tous les hommes, le figne de fa mort. C'est dans cette vue que donnant aux Apôtres le pouvoir de faire ce qu'il avoit fait lui-même, relativement à l'inftitution de cet augufte Sacrement, il leur dit : *faites ceci en mémoire de moi,* & ajoute ; *car toutes les fois que vous mangerez de ce Pain, & que vous boirez de cette Coupe, vous annoncerez la mort du Seigneur :* (Luc. 22, 1 Cor. 11.) mort à laquelle il touchoit, & qu'il annonçoit devoir arriver bientôt, par ces paroles, *ceci eſt mon Corps, qui ſera livré pour vous... Ceci eſt la Coupe, Teſtament nouveau cimenté de mon Sang, qui va être répandu pour vous.* (Ibid. Luc. ſup.)

Et pour rendre en quelque ſorte ſenſible l'image de cette mort, le tendre objet de ſes vœux, qu'a-t-il fait ? Encore plein de vie, il s'offrit à ſon Pere ſous les eſpeces du pain & du vin, de maniere qu'alors il ſubſiſtoit tout entier ſous chacune des mêmes eſpeces, quoique ſéparées l'une de l'autre, c'eſt-à-dire, qu'en vertu des paroles qu'il prononça ſur le pain & ſur le vin, il donna à comprendre la ſéparation qui ſe feroit ſur la Croix de ſon Corps & de ſon Sang : ainſi s'eſt-il donné lui-même à ſes Diſciples & comme monument actuel de ſa mort, & comme monument futur, à jamais durable dans ſon Egliſe.

Delà cette religieuſe attention des Miniſtres de Jeſus-Chriſt à uſer des mêmes paroles, à employer le même rit, ſans ſe permettre le plus léger changement ; par-

E iv

là Jefus-Chrift continue & continuera de s'immoler à fon Pere : l'Euchariftie fera donc le monument éternel de fa mort.

D'où il arrive que, quand le Prêtre, au moment de la confécration, nous rappelle à la mort de Jefus-Chrift comme prochaine, quoique déja éloignée, en difant : *ceci eft la coupe de mon Sang... qui fera répandu*, il rapporte ces paroles au tems où ce divin Sauveur les a prononcées pour faire fentir qu'il ne dit & ne fait rien que n'ait dit & fait J. C. Par conféquent, qu'il eft & fera jufqu'à la fin des fiecles le monument de fa mort, comme il l'étoit avant fa mort même.

2°. Monument auquel tout rappelle, quand on fait attention au rit facré, que l'Eglife a établi pour la célébration des divins Myfteres. Oui, tout y parle de la mort de Jefus-Chrift, fous quelque jour qu'on la confidere, foit dans ce qui l'a précédée, foit dans ce qui l'a fuivie.

Et d'abord l'enceinte du Sanctuaire, d'où s'éleve l'Autel, & qui occupe, dans le faint Temple, la place la plus diftinguée, repréfente la Montagne du Cal-

vaire, féparée de la Ville de Jérufalem
Le moment où doit commencer le Sacrifice eft il arrivé ? le Prêtre paroît ; mais
que lit-on fur fes vêtemens ? que porte t-il
entre fes mains ?... Autant de fymboles par-
lans, qui font eux- mêmes autant de circonftances de la mort de J. C.

Auffi quels devroient être, d'après cette
confidération, les fentimens & du Miniftre
qui va monter à l'Autel du Seigneur ,
& de l'ame fidelle qui fe prépare à la
Communion , & du peuple Chrétien qui
affifte à la Sainte Meffe ? point d'autres
que ceux-ci ; *je fuis difpofé , Seigneur, à
vous accompagner , fallut-il mourir avec
vous.*

Difpofition, dont la juftice & la reconnoiffance nous font un devoir rigoureux ,
conformément à ces paroles du Prince
des Apôtres, *puifque Jefus-Chrift eft mort
felon la chair, armez-vous auffi de la même réfolution.* (1. Pet. 1.) Ce n'eft pas
avec moins d'énergie que S. Paul nous
y engage, quand il dit : *JESUS, afin de
fanctifier le peuple par fon Sang, a fouffert
hors de la Ville ; fortons donc pour aller à*
E v

lui hors du camp, portant ses opprobres. (Heb. 13).

Or, qu'est-ce que *mourir avec J. C.* c'est vivre, non plus selon nos inclinations vicieuses, *les passions de l'homme, mais selon la volonté de Dieu.* (1. Pet. 4.) Qu'est-ce qu'*aller à lui hors du camp ?* C'est renoncer aux usages du monde, & faire honneur à la Religion qu'on professe, par les pratiques d'une piété solide & éclairée.

Qu'est-ce que *porter ses opprobres ?* c'est s'attendre à toutes sortes de mauvais traitemens de la part des mondains, qui persécutent par leurs railleries & leurs mépris, ceux qui se réglent sur les maximes de l'Evangile. Ainsi témoignerons-nous à JESUS mourant les sentimens d'une tendre compassion ; comme les femmes fidelles qui le virent expirer sur la Croix, nous ne perdrons pas le souvenir de cette précieuse mort ; tout nous excitera à la vigilance pour ne point retomber dans le péché, qui seul en a été la cause ; nous vivrons en enfans de la Croix, pour sortir un jour du tombeau avec la qualité d'enfans de la résurrection.

Entretien.

Qu'un Dieu soit mort pour vous donner la vie ; ô mon ame ! voilà sans doute le prodige de son amour pour vous. Mais qu'il ait établi un Sacrement, où le souvenir de cette mort se renouvelle sans cesse à vos yeux... voilà ce qui doit vous réveiller du profond assoupissement, où peut-être vous vivez à son égard. Ce Dieu, vous l'aimez, dites-vous, & l'aimez dans tous les états de sa vie ; rien dans sa personne ou sa morale, qui soit pour vous *un signe de contradiction* ; rien dans ses opprobres, qui ne vous le rende plus cher encore & plus aimable ; rien dans le Mystere de sa mort, qui ne vous attendrisse & quelquefois jusqu'aux larmes...

Mais cette mort vous est-elle assez présente ? une date de près de dix-huit siecles ne paroît-elle pas à votre indifférence une excuse légitime ? Vous rappellez-vous avec une continuelle & sainte componction cet événement mémorable ?...

Ici, je l'avouerai à ma honte, ô Sauveur généreux ! je mérite à plus d'un titre

le reproche que vous me faites intérieurement... Oui, j'ai vécu, comme si vous
n'étiez jamais mort pour moi ; non-seulement je n'ai point répandu des larmes de
sang sur vos souffrances ; mais je n'ai pas
même pleuré sur mes iniquités person-
nelles...

Cependant, acheverai-je de me con-
damner ?... Le dirai-je, ô mon Dieu !...
Au moment même, où, tout occupé des
intérêts de mon salut, vous vous offriez
à votre Pere, & mouriez de nouveau sur
nos Autels, j'ai retracé par mes inatten-
tions, par mes irrévérences, par une atti-
tude de mollesse, &c. &c. &c. la conduite
des Juifs perfides.

Ah ! c'en est fait, & je le promets avec
votre grace, divin JESUS, je vais réparer
ces injures ; vous n'avez pû y être insen-
sible ; mon cœur les détefte & les abhorre :
agréez cette difpofition, où vous me mettez aujourd'hui, & que rien déformais ne
foit capable de l'altérer en moi.

Jésus-Chrift , la fin des Figures.

Finis Legis... Chriftus. Rom. 10.

La fin de la Loi , c'eft Jefus-Chrift.

1°. Tous les événemens , qui , depuis la naiffance du monde , ont eu quelque rapport avec la Religion , ont été autant de figures différentes , qui annonçoient la Conception , la Naiffance , la Vie , la Paffion , la Mort , les Miracles & les Myfteres de Jefus-Chrift ; figures qui ont difparu à mefure que les circonftances , où il les a accomplies , fe font préfentées ; *car il eft la fin de la loi* , dit Saint Paul , *afin que tous ceux qui croient , foient juftifiés.*

Oui , il eft de foi que tout ce qui avoit été prédit de Jefus-Chrift fous mille emblêmes myftérieux , a été vérifié en lui & par lui. Or , comment (pour ne pas fortir de notre fujet) Jefus-Chrift eft - il dans l'Euchariftie , le même que celui , qui conçu par l'opération du S. Efprit ,

eſt né de Marie ; qui a coulé ſur la terre
les jours de la vertu & du prodige ; qui les
a terminés dans la ſouffrance & dans l'opprobre ; qui, après s'être rendu lui-même
la vie, a établi tous les Sacremens, qu'il
crut néceſſaires au progrès & à la ſainteté
de ſon Egliſe ; qui, par ſa propre vertu,
eſt remonté aux Cieux, d'où il a envoyé
ſon divin Eſprit à ſes Apôtres, & d'où
il deſcend encore tous les jours à la voix
du Prêtre qui conſacre, ſans qu'il perde
aucune des qualités glorieuſes qui déco-
rent ſon adorable Humanité ?

Jeſus-Chriſt eſt donc dans l'Euchariſtie
la fin des figures ; l'Euchariſtie renferme
donc tous les Miracles de Jeſus-Chriſt, &
réaliſe tous les Myſteres auxquels ſe rap-
portoient les anciennes figures. Voilà ce
que prévoyoit David, quand il diſoit :
*Dieu, plein de miſéricorde & de tendreſſe,
a mis ceux qui le craignent en état de ſe reſ-
ſouvenir des merveilles qu'il a opérées en
leur faveur, il leur a donné une nourriture
miraculeuſe.* (Pſ. 110.) Il n'eſt en effet
aucun Myſtere, relatif à l'Homme-Dieu,
que l'Euchariſtie ne rappelle à la mé-

moire, & ne propose à notre foi, à notre vénération, à notre amour, à notre reconnoissance.

2°. Les principales figures, qui annonçoient l'Eucharistie, c'étoit l'Arbre de vie planté au milieu du Paradis terrestre ; (*Gen.* 2.) le Pain & le Vin que Melchisedech offroit au Seigneur ; (*ibid.* 14.) l'Agneau Paschal que les Israélites, encore sous la tyrannie de Pharaon, eurent ordre d'immoler ; (*Exod.* 12.) la Manne qui leur servit de nourriture dans le désert ; (*ibid.* 16.) le Rocher, d'où sortirent pour les désaltérer des eaux miraculeuses ; (*ibid.* 17.) l'Arche d'Alliance, qui fut placée d'abord dans le Tabernacle, ensuite dans le Temple ; (*ibid.* 25.) c'étoient enfin les Pains de proposition, dont la Table du Seigneur devoit toujours être garnie.

Symboles cependant, qui en eux-mêmes n'étoient figures Eucharistiques, qu'autant qu'ils ont se vi à annoncer ce jour de lumiere & de vérité, où Jesus-Christ devoit y habiter par sa présence réelle : présence tellement essentielle, que sans elle l'Euchariftie ne feroit à son tour que la simple figure de son Corps & de son Sang.

Bien plus, sans cette réalité de pré-sence, non-seulement les autres figures n'euffent point eu leur accompliffement, mais elles l'auroient emporté de beau-coup sur l'Euchariftie. En effet, quel avantage n'auroit pas la Manne, par exemple, sur le pain & le vin ordinaires, si du pain & du vin étoient les seules cho-ses que contînt l'Euchariftie, &c. &c. Ce seroit en vain que l'Apôtre eût dit que la Loi de Moyse étoit *l'ombre des biens futurs.*

3°. Mais pourquoi Dieu a-t-il parlé par ces figures, & d'autres encore long-temps avant l'inftitution de l'Euchariftie? pour mettre en quelque forte sous nos sens les biens ineftimables que renferme cette divine Euchariftie; pour nous par-ler éloquemment, & des difpofitions qu'il veut qu'on y apporte, & du pro-fond refpect qui eft dû à ce Sacrement d'amour & de sainteté. Cette intention de Dieu s'explique d'elle-même, mais sur-tout, par la défense qu'il fit aux Israélites de manger l'Agneau Paschal, & de toucher aux Pains de proposition avant de s'être purifiés ; (1, *Reg.* 6.) par la punition qu'il tira encore des Bethsamites, qui avoient jetté sur l'Arche un regard téméraire & curieux ; (*ibid.* 5.) par l'appesantissement de son bras sur les Philistins, qui avoient voulu la conserver dans leur camp ; (2, *Reg.* 6.) par la prompte mort d'Oza, dont l'action ne semble annoncer qu'un zele religieux. Que sont hélas, toutes ces fautes mises en parallele avec nos irrévérences, nos scandales dans le lieu saint, nos profanations !....

Entretien.

Vous avez, Seigneur, les paroles de la vie éternelle : voilà la profession de foi, sur laquelle je veux désormais régler toute ma conduite. En donnant à vos Disciples du pain & du vin, vous avez dit que vous leur donniez votre Corps & votre Sang ; & par la toute-puissance de vos paroles, que les Ministres des Autels prononcent en votre nom, la substance du pain & du vin disparoît, il ne reste sous ces especes matérielles que votre Corps & votre Sang, votre Ame, votre Divinité, vous-même, en un mot, tel que vous êtes dans le Ciel.

O! vérité consolante, je m'y soumets d'autant plus volontiers, Seigneur, qu'elle me suggere dans le Mystere qu'elle renferme un motif de crédibilité, qui vous honore & me souftrait à de grossieres figures, dont tout le mérite consiste à vous avoir annoncé.

Mais cette vérité, quelque précieuse qu'elle soit aux yeux de ma foi, n'occupe-t-elle pas un rang parmi celles dont le Prophete regrette la perte & l'oubli? où est ce saint tremblement, qui devroit me saisir à l'approche du Sanctuaire? quelle préparation apporté-je à la réception de votre Corps adorable, ô Divin Jesus! estimé-je assez le don précieux que vous m'avez fait de tout Vous-même? le reçois-je avec cette foi qui imprime le respect, avec cette douleur qui porte à l'humilité, avec cette confiance qui inspire l'amour, avec cette reconnoiſſance qui commande la fidélité, & une fidélité gé-néreuſe ?... Hélas ! ne me familiariſé-je pas avec les choſes ſaintes ? où ſont mes progrès dans la vertu, dans la victoire de mes paſſions, dans la ferveur, &c....

Véritable nourriture de mon ame, mon Dieu, c'eſt à vous-même que j'ai recours ; c'eſt à vos pieds que je me proſ-terne, exercez à mon égard vos plus grandes miſéricordes ; pardonnez - moi, je vous en conjure, tout ce que j'ai com-mis par une coupable négligence contre le reſpect & la pureté qu'exigeoient & votre Temple auguſte & votre Table ſainte.

Jeſus-Chriſt, la Vérité.

Ego ſum Veritas. Joan. 14.

Je ſuis la Vérité.

1°. JESUS-CHRIST eſt la vérité même par nature, les hommes ne peuvent le tromper, comme il ne peut tromper les hommes; attribut qui fait particuliérement ſa gloire dans l'Euchariſtie, où, ſur la parole qu'il nous a donnée, il exiſte réellement. Il n'y eſt donc pas préciſément un ſigne figuratif? non; il a accompli dans ſa perſonne toutes les figures anciennes; d'ailleurs, il a déclaré hautement que le Culte *en eſprit & en vérité* (Joan. 4.) étoit le ſeul, dont Dieu fût jaloux.

Il n'y eſt donc pas ſeulement d'une maniere virtuelle? Non; puiſqu'il a dit que le Pain Euchariſtique étoit ſon vrai Corps, ce même Corps qu'*on cherchoit à toucher, parce qu'il en ſortoit une vertu qui guériſſoit tout le monde.* (Luc. 6.) Il n'y eſt donc pas purement en vertu de la foi, qui porte à croire en lui ; car quiconque mange de ce Pain, mange véritablement la Chair de Jesus-Christ, indépendamment de sa disposition à croire ou à ne croire pas.

Disposition cependant, qui entraîne des suites bien différentes ; car le Fidele, qui participe aux saints Mysteres sans la foi, qui agit par la charité, *mange & boit son jugement, faute de discerner le Corps du Seigneur :* (1, Cor. 11.) A-t-il au contraire les œuvres de la foi ? *il demeure en Jesus - Christ, & Jesus-Christ demeure en lui ;* (Joan. 6.) en sorte que la Chair de Jesus-Christ devient, dans un sens vrai, sa nourriture ; qu'il a dans cette nourriture le gage de la vie éternelle; qu'avec cette nourriture *il ne meurt pas, il vivra éternellement.*

Qu'on ne confonde pas au reste les avantages de la Communion réelle & en vérité, avec ceux que produit la Communion spirituelle : quoique ces avantages aient lieu de part & d'autre, ils different néanmoins entre eux autant que le vœu differe de la possession ; ce peut être par-

tout la même vivacité dans la foi, le desir, l'amour, l'humilité, &c. mais les
effets ne seront pas les mêmes; ici on
s'unira en esprit, & dans toute l'étendue
des puissances de l'ame à Jesus-Christ
présent sous les especes Eucharistiques; là
on ne deviendra qu'un avec lui par la
manducation réelle de sa Chair.

2°. Quel honneur pour l'ame Chrétienne de participer en vérité au Corps &
au Sang de N. S. J. C. ! A peine a-t-
elle reçu des mains du Prêtre les especes
sacramentelles, qu'elle voit habiter en elle
celui que le Pere Céleste appelle *son Fils*,
(Ps. 2.) ce même Fils que Marie a porté
dans ses entrailles pendant neuf mois :
peut-elle oublier jamais cette ame privi-
légiée, peut-elle ne pas apporter une
continuelle attention au sublime honneur qu'elle partage avec la Mere d'un
Dieu ? Quel précieux dépôt que Jesus-
Christ qui se donne à elle, qui se confie
entiérement à elle, qui s'en rapporte à
elle des intérêts de sa gloire & de sa Divinité même ?

Si l'Apôtre S. Paul exhortoit les Co-

rinthiens *à glorifier Dieu & à le porter
dans leur corps*, (1. Cor. 6.) par la
raiſon qu'étant devenus le Temple du S.
Eſprit, il méritoit de leur part des ſoins
extrêmes pour être conſervé dans une
pureté exacte, & telle que l'exige la préſence d'un Dieu ; ce conſeil ne devient-il
pas un devoir ; & un devoir indiſpenſable
pour une ame qui communie? Oui, elle
doit avoir pour Jeſus-Chriſt préſent au
fond de ſon cœur, ce tendre reſpect,
dont étoit pénétré S. Joſeph, lorſqu'il
prit entre ſes bras ce Dieu encore Enfant
pour le tranſporter en Egypte, & le
ſouſtraire à la fureur d'Hérode : elle devroit éprouver, ou du moins concevoir
ces vifs, ces juſtes, ces religieux ſentimens de ●, d'adoration, d'amour, de
zele, d'humilité, de reconnoiſſance &
de fidélité, qu'a toujours éprouvés Marie,
ſur-tout depuis l'Incarnation du Verbe
dans ſon ſein. Oui, à l'imitation de ces
deux incomparables Epoux, cette ame,
après s'être abymée dans une méditation
profonde, ſur la grandeur, l'excellence,
le pouvoir, la ſainteté, la divinité du

don qu'elle possede, elle devroit s'écrier avec cette Mere-Vierge, *mon ame glorifie le Seigneur*, &c.

Entretien.

Quand je vois dans l'Evangile JESUS parcourant les Villes & les Bourgades de la Judée, je vois en même-temps des guérisons s'opérer en tout genre; & pour cela, il ne falloit que toucher le bas de sa robe avec foi & confiance : arrivoit-il que ce charitable Médecin portât la main sur ceux qui imploroient sa puissance ? leurs vœux étoient exaucés, & les effets surpassoient leur attente : (2 , *Reg. 6.*) les bénédictions, dont fut comblé Obededom, pour avoir possédé dans sa maison l'Arche du Seigneur pendant trois mois, n'entrent point en parallele avec les graces & les faveurs insignes, que répandit ce Divin Maître sur ceux d'entre les Juifs, qui eurent l'honneur de le compter au nombre de leurs Hôtes ou de leurs Convives....

Et moi, qui suis si souvent admis à la plus intime union avec lui, je dépéris de langueur,

langueur, toutes fortes d'infirmités m'accablent, mes maux fpirituels font toujours les mêmes!...

Quelle différence! d'où peut-elle venir?.. Ah! c'eft que toutes ces graces, épanchement fenfible de la bonté divine, étoient, dit l'Evangile, (*Matt.* 9.) la récompenfe de la foi. Quoi donc! comme ces Juifs, ne profeffé-je pas la même foi?... Les prieres que j'adreffe à celui qui peut purifier mon ame, manqueroient-elles de fincérité?... Les follicitudes & les embarras de la vie me rendroient-ils donc incapable de m'appliquer aux chofes du Ciel, à mon Dieu!...

O! JESUS, qui êtes toute ma miféricorde, ayez pitié de moi; fortifiez ma foi en vous; faites naître dans mon cœur des affections dignes de vous; rétabliffez dans mon efprit cette droiture que vous exigez de vos ferviteurs; ne laiffez dans mon ame aucun obftacle à votre volonté, à vos deffeins, à votre fouverain domaine fur moi.

Que jamais je ne quitte la Table fainte, où vous daignez m'admettre, fans

une augmentation d'amour pour vous ,
fans quelques progrès dans les vertus ,
dont vous m'y donnez les plus beaux
exemples , afin que votre Efprit , qui
eft un Efprit de toute perfection , éclate
dans ma conduite , finguliérement par
la patience , l'humilité , la douceur , la
mortification & la charité pour mes
freres.

Jesus-Christ, notre Nourriture.

Panis, quem ego dabo, Caro mea est pro mundi vitâ. Joan. 6.

Le Pain, que je donnerai, c'est ma Chair pour la vie du monde.

1°. PARTICIPER au Sacrement de l'Eucharistie, c'est se nourrir de J. C. & de J. C. tout entier. Il y devient donc notre nourriture. Vérité incontestable, nous en avons sa parole pour garant ; *je suis le Pain de vie*, dit - il... *car ma chair est véritablement une nourriture & mon Sang* est véritablement *un breuvage.* (Joan. 6.) Par ce Sacrement, Jesus - Christ s'est donc proposé de conserver en nous la vie , non pas cette vie naturelle & animale , que des alimens grossiers soutiennent , mais la vie spirituelle & divine , que nous avons reçue sur les Fonts sacrés du Baptême , & que nous recouvrons par la Pénitence , si malheureusement le péché a porté le coup de la mort à nos ames.

F ij

Aussi J. C. assure-t-il à juste titre qu'*il est venu du Ciel en terre, afin que les hommes aient la vie, & qu'ils l'aient plus abondamment.* (Ibid. 10.) En effet, il nous *la donne* cette vie, en nous accordant la rémission des péchés, grace qui est le fruit de sa mort & de ses mérites ; & il nous *la donne plus abondamment*, en la nourrissant, & la fortifiant en nous par le Sacrement de l'Eucharistie.

Quelle bonté dans un Dieu, qui en échange de la nature qu'il a prise de nous, nous donne droit de participer à la sienne par la manducation de son propre Corps ! Quelle nourriture que ce Pain d'un Dieu, que ce Dieu lui-même ! Pain qu'il veut que nous demandions au Pere Céleste *tous les jours de la vie.* (Matt. 6.)

Il n'est pas de précepte sans doute d'user tous les jours de la vie de ce Pain *au-dessus de toute subsistance* : non ; mais qu'une ame court de dangers, quand elle met de longs intervalles à s'en nourrir ; ainsi que le Corps, elle a besoin de s'entretenir & de se fortifier : si celui-là tombe en langueur, s'épuise & dépérit lorsqu'il manque d'alimens, celle-ci s'affoiblit également & meurt enfin, lorsqu'elle se refuse à l'intention de J. C. qui a institué pour elle le Sacrement de son Corps & de son Sang ; *car, si vous ne mangez la chair du Fils de l'Homme, & si vous ne buvez son Sang, vous n'aurez point la vie en vous.* (Ibid.) Or, si l'infraction de ce précepte, portée jusqu'à certain point, suffit pour nous priver de cette *vie* de la grace, pourra-t-on la conserver cette *vie* précieuse, si on ne se rend que de loin en loin à cette invitation de J. C. érigée en précepte ?...

2°. Point d'aliment plus propre à entretenir la santé du corps que le pain & le vin. Une nourriture infiniment supérieure par sa qualité, la Chair & le Sang de J. C. est réservée à nos ames. Mais, parce que l'idée de chair & de sang, prise en elle-même, révolte ; que fait-il ? il change les substances, celle du pain en son Corps, celle du vin en son Sang. Changement admirable !

En effet que se passe-t-il en nous en

vertu de ce changement ? Qu'au moment, où nous nous incorporons les efpéces facramentelles, par voie de nutri-
tion ordinaire, notre ame, cette partie
de nous-mêmes toute fpirituelle, fe trouve
nourrie, & alimentée par la Chair & le
Sang de J. C.

O condefcendance ! ô fageffe ! ô puiffance d'un Dieu ! Que le fidele, qui
afpire à participer à tant de merveilles,
faffe précéder cette action augufte de
toutes les préparations qu'elle demande,
c'eft-là un devoir, qui s'explique de lui-
même : un autre objet, digne de l'obfer-
vation la plus férieufe, fe préfente ; c'eft
que, comme les alimens, même les plus
fains, ne profitent pas au corps quand il
eft privé de la vie ; ainfi la Chair &
le Sang de J. C. ceffent de contribuer à
la nourriture d'une ame morte à la grace
par le péché. (1 *Cor.* 11.)

Que l'homme, avant de s'affeoir à
la Table du Seigneur, *s'éprouve donc* ;
qu'il porte la fonde dans le fond de fa
confcience ; qu'il interroge fes œuvres,
& en faffe une difcuffion rigoureufe, afin

d'éviter le plus grand des malheurs pour lui, celui d'introduire dans son cœur un Juge sévere. Qu'il se dise à lui-même ce que disoit autrefois le Diacre au moment de la Communion ; *les choses Saintes sont pour les Saints.*

3°. Que si les mets Eucharistiques, bien loin de profiter, nuisent au contraire à une ame, qui en use sans les préparations nécessaires, il n'en resulte que de précieux & excellens effets, quand on suit le conseil de l'Apôtre. (*Ibid.*)

1°. L'Eucharistie nous unit à J. C. de la maniere la plus intime ; *il demeure en moi, & je demeure en lui.* (Joan. 6.)

2°. Elle conserve en nous la vie spirituelle, qui consiste dans la grace sanctifiante, dans la foi, l'espérance & la Charité ; *il vivra éternellement.*

3°. Elle produit dans l'ame les effets qu'une nourriture constamment bonne a coutume de produire sur nos corps bien disposés ; c'est-à-dire, qu'elle augmente en nous cette vie spirituelle ; qu'elle nous unit de plus en plus à J. C. que sa grace & toutes les autres vertus prennent en nous

de nouveaux accroiſſemens ; qu'elle nous
fait acquérir des mérites , que nous n'euſſions point acquis ſans elle , juſqu'à nous
mettre en état de nous enrichir toujours en
ce genre , à peu près comme J. C. aug-
mentoit à chaque inſtant de ſa vie mortelle , le tréſor de ſes mérites pour nous ;
*comme je vis pour mon Pere , de même
celui qui me mange , vivra auſſi pour
moi.* (Ibid.)

4°. Elle leve les obſtacles , qui s'op-
poſent au deſir que nous avons de vivre
pour J. C. Ces obſtacles ſont nos différentes paſſions , dont nous triomphons
peu à peu par ſon ſecours ; parce qu'*elle
eſt*, dit le Concile de Trente, (Seſſ. 1 3 ,
c. 1 1.) *comme un préſervatif contre les fautes journalieres & même contre les péchés
mortels.*

5°. Elle nous inſpire une noble ardeur
pour la perfection , le goût des choſes
céleſtes , la généroſité au ſervice de Dieu,
un tendre & inſatiable amour pour J.C.
*ceux qui me mangent ont encore faim , &
ceux qui me boivent ont encore ſoif.* (Ec. 2 4.)
Enfin on puiſe dans l'Euchariſtie la force

dans les tentations, la conſtance dans le bien, la patience dans les adverſités, la réſignation dans les plus pénibles ſacrifices ; avec elle nous mourons de la mort des juſtes, & poſſédons le gage non-ſeulement d'une réſurrection glorieuſe, mais encore de l'éternelle béatitude.

Entretien.

Sauveur trop généreux, ô JESUS plein de bonté ! quoi, vous devenez par l'Euchariſtie la nourriture de mon ame ! Qui ſuis-je pour que vous vous uniſſiez à moi d'une maniere ſi intime ! Ah ! je ne comprendrai jamais le haut degré d'honneur où vous m'élevez par ce prodige d'amour : la vue de mon néant ne m'impoſe t elle pas l'obligation de l'admirer en ſilence plutôt que d'aſpirer à en éprouver les effets ?...

Non, vous voulez que je me mette en état de goûter combien vous êtes doux & aimable dans votre Sacrement par excellence ; & ſi je me refuſe à vos tendres invitations, j'encoure l'indignation dont vous me menacez.

Des menaces !... Ah ! qu'elles ont de

charmes fur mon cœur, qu'elles me prou-
vent éloquemment votre amour ! Puif[é-
je y répondre autant que vous le defirez.
Oui, foyez dorénavant le feul que j'aime,
le feul pour qui je foupire. Eh ! quel
objet au monde m'occuperoit encore autant que vous, ou hors de vous, après
ce que vous avez fait pour n'être plus
qu'une même chofe avec moi ! Amour
inexplicable ! fouffrez, divin JESUS,
qu'il devienne mon guide, ma lumiere
& ma regle, quand je m'approche de
votre Banquet Sacré. Hélas ! que j'aurois
lieu de craindre, fi votre cœur n'y em-
brafoit le mien ! fi je mettois obftacle à
vos deffeins fur moi ! fi je ne retirois aucun fruit de mon union avec vous ! que
de malheurs accompagneroient ma froi-
deur & ma négligence ; ayant déja leur
fource dans le péché, ils en feroient auffi
la punition. .. Ici je frémis, & dans le
trouble, où me jettent mes Communions paffées, c'eft dans la plaie de votre
Cœur facré que je me réfugie, ô ma
miféricorde ! ô mon falut !...

Jesus-Christ, notre Dieu.

Verè tu es Deus absconditus. If. 45.

Vous êtes véritablement un Dieu caché.

1°. Qu'est-ce que Jesus-Christ dans l'Euchariftie ? Le Verbe du Pere, avec lequel il ne fait qu'une même fubftance. Les voiles Euchariftiques cachent donc à nos yeux toute la majefté, toute la puiffance, toute l'immenfité de Dieu : voilà fans doute un prodige d'un ordre fupérieur ; mais devons-nous lui refufer notre foi, tandis que nous croyons l'humanité réunie à la Divinité dans l'augufte perfonne du Verbe ?

L'un & l'autre de ces deux articles de notre foi ne font-ils pas également incompréhenfibles à tout efprit créé. Cependant que le fidele ne fe permette pas ici la plus légere héfitation ; croire ce qu'il ne comprend pas, adorer ce qu'il ne voit pas, contempler avec admiration un Homme-Dieu, ou un Dieu-homme

pour l'adorer ; voilà le devoir & l'exercice de sa foi.

S. Thomas, qui ne voyoit dans JESUS
qu'un homme, ne laissa pas de confesser
le Dieu qu'il ne voyoit pas ; que le Fidele
suive cet exemple, qu'il ose même aspirer à un mérite que l'Apôtre ne pouvoit avoir : & quel est-il ce mérite ?...
De voir en J. C. & l'Homme & Dieu
tout ensemble, là où rien d'humain, rien
de Divin ne frappe ses sens : *vous êtes
mon Seigneur & mon Dieu*; que ce soit
là la devise & le cri intérieur de sa foi.

2°. C'est peu pour J. C. de résider
dans nos Tabernacles avec toute la majesté d'un Dieu, il en exerce encore la
puissance. C'est vous, Seigneur, dit le
Psalmiste, *qui au commencement des temps
avez assis la terre sur ses fondemens*; *les
Cieux sont les ouvrages de vos mains* :
c'est à la même puissance que je rends
hommage, lorsque je crois aux miracles que la foi me présente dans l'Eucharistie.

La substance du pain changée en la
substance du Corps de J. C. les especes

du pain , qui subsistent après ce changement , quoique la substance du pain soit
détruite ; tout le Corps de J. C. sous
la plus petite partie sensible de ces mêmes
especes , sans que cette totalité se trouve
endommagée par la division ou la fraction... Ces miracles & d'autres encore
n'annoncent-ils pas l'Auteur & le Modé-
rateur suprême de l'Univers ?

Or, voilà comment J. C. déploye la
force de son bras dans l'Eucharistie. Rien
n'étoit encore : *il a parlé, & toutes cho-*
ses ont été faites ; il a commandé , & ce
monde visible sortit du néant. (Pf. 148.)
Ici il parle ; aussi-tôt la substance du pain
disparoît , les seules especes restent : il
commande ; aussi-tôt le Corps de J. C.
tel qu'il l'a dans le Ciel , se trouve sur
l'Autel voilé sous les especes , sans qu'il
abandonne pour cela le séjour de sa
gloire.

Ce prodige ne présente-t-il pas à l'idée
un pouvoir supérieur au pouvoir même
de créer & d'anéantir ? Or, J. C. profere
plus de mille fois par jour cette parole,
& toujours il s'ensuit le même prodige.

accompagné des mêmes effets ; effets indépendans de la personne du Miniſtre, puiſqu'il n'agit point en ſon nom, mais au nom de J. C.

3°. Qu'eſt-ce donc que l'homme ? qui ſommes-nous pour oſer prétendre à un Sacrement, où réſide dans un ſeul Dieu l'Auguſte Trinité toute entiere ? (*Joan. 9.*) *Nés dans le péché,* comment ſoutiendrons-nous les regards de ce Dieu infiniment Saint après ce que nous apprend l'Ecriture du châtiment qu'il tira *de ſes Anges mêmes,* en qui il avoit apperçu *les ſouillures de l'iniquité.* (Job. 4.)

Si Dieu, au milieu du buiſſon ardent, où il habitoit dans l'appareil de la majeſté, dit autrefois à Moyſe, *n'approchez point d'ici* en téméraire & ſans précaution ; *ce lieu où vous êtes, cette terre que vous foulez aux pieds, eſt ſainte,* (Exod. 3.) pour lui imprimer une crainte religieuſe, & l'engager à ſe purifier des plus légeres taches ; quel ſujet n'avons-nous pas de trembler, nous, qui ſommes ſi peu ſur nos gardes ; nous, dont la conduite eſt ſi défectueuſe ; nous, qui pour n'avoir jamais férieufement réfléchi fur la fainteté infinie de Dieu, l'offenfons tous les jours en tant de circonftances & en tant de manieres différentes !... O le vafte champ à nos réflexions ! ne nous contentons pas de jetter à la hâte un regard fuperficiel fur le grand objet qu'elles préfentent ; approfondiffons-le & corrigeons. nos mœurs.

Entretien.

Rien dans le Sacrement, où vous vous donnez à moi, ô JESUS ! qui ne devienne le précepte d'une pureté extrême. Ce fut fans doute pour me l'inculquer de maniere à n'être jamais effacé de ma mémoire, qu'au moment où vous célébrâtes la Cène derniere avec les Apôtres, vous leur lavâtes les pieds ! O exemple d'humilité de votre part ! mais quelle inftruction pour moi ! elle me donne à comprendre qu'étant mon Dieu & un Dieu infiniment Saint, vous exigez de moi des foins prefque infinis , une confcience exempte de toute affection au péché...

Ah ! élevez-moi vous même à ce haut

degré de pureté, qui fixe les regards de votre complaifance fur nos ames : & fi je fuis affez heureux pour être déja purifié par votre grace, purifiez-moi encore de plus en plus, *lavez-moi encore davantage, non-feulement les pieds, mais les mains & la tête,* (Pf. 50.) afin que je fois entiérement pur à vos yeux ; lavez-moi, non pas dans cette eau luftrale, qui étoit en ufage dans l'ancienne loi ; mais dans votre Sang & cette eau précieufe qui coula après votre mort de la playe de votre Cœur adorable.

Jesus-Christ, notre Créateur.

Omnia per ipsum facta sunt. Joan. 1.

Tout a été fait par Jesus-Christ.

1°. IL n'y a point de différence entre J. C. dans l'Eucharistie & J. C. dans le Ciel, assis à la droite de son Pere sur un Trône de gloire, environné d'une multitude innombrable d'Anges & de Saints, qui s'y occupent à chanter en sa présence ce ravissant Cantique, dont il est l'objet ; *vous méritez, Seigneur notre Dieu, de recevoir la gloire, l'honneur & la puissance ; car vous avez créé toutes choses, & c'est parce que vous l'avez voulu, qu'elles ont vû l'être & qu'elles ont été créées.* (Ap. 4.) Tout est donc soumis à la volonté de J. C.

Or, par quel motif s'est-il déterminé à nous créer? Seroit ce par un motif de nécessité ? Non, l'indépendance & la plus parfaite liberté constituent sa nature. Seroit-ce par un motif d'indigence : Non, heureux par effence, il fait fon bonheur à lui-même, riche de fon fond, il renferme en lui tous les biens poflibles. Si par fa puiffante voix il nous a appellés du néant, c'étoit donc pour nous les communiquer ces biens & les divifer à chacun de nous, felon la capacité de nos ames, & la fidélité que nous apporterions à fes graces : voilà le motif de bienfaifance, qui l'a fait agir : la reconnoiffance dans l'homme eût dû en être la fuite néceffaire ; déja l'ouvrage de ce Dieu Créateur, il devoit s'en montrer la copie & l'image par fon zele pour l'innocence & la vertu... Mais hélas ! plus d'une fois infidele, il a détruit par fa conduite l'œuvre de JESUS. JESUS la répare ; & comment ?

Il nous a créés fans nous ; il nous juftifie, mais non pas fans nous ; ainfi fait-il de nous autant de créatures nouvelles en lui ; c'eft-à-dire, qu'il répand fur nous la grace fanctifiante, en vertu de laquelle *nous participons à la nature Divine*, (2, Pet. 1, Gal. 3.) & nous nous revêtons, comme parle S. Paul de J. C. même.

Arrive-t-il que par le péché nous per-dions cette grace fanctifiante ? il nous donne les moyens de la recouvrer par la pénitence ; en forte que déja fortis du néant par fa puiffance, nous devons à fa mi-féricorde l'avantage de renaître à fa grace chaque fois que le péché a regné en nous : cette juftification eft donc une feconde création, qui nous tire du néant au fenti-ment du même Apôtre. (*Ephef.* 2.)

Or, fi nous tenons de J. C. comme Créateur, la vie naturelle ; combien la fomme de nos obligations ne s'accroît-elle pas quand à ce bienfait fe joint le bienfait de fa grace, qui nous arrache à un Enfer mérité ? N'eft-ce point ici l'ou-vrage de fa bonté ? là, celui de fa puif-fance ?

2°. Au titre de Créateur puiffant & miféricordieux, que la foi découvre & reconnoît en J. C. ajoutons celui de con-fervateur qui ne lui eft pas moins dû. Car d'où dépend l'être, qui fait de moi une créature exiftante ? De l'action de cette premiere puiffance, qui m'a créé. Cette action ceffe-t-elle ? je ceffe également d'être : fi je vis, ce n'eſt donc que par une continuité de création. De même, fi la miſéricorde Divine, qui m'a conduit à la juſtification par la grace ſanctifiante, ceſſe d'agir fur mon ame; au moment où fon action ceſſe, je ne ſuis plus juſte, je retombe dans le néant du péché.

Il y a cependant cette différence entre cette action-ci, & la premiere : je ne puis empêcher la premiere, elle ne trouve aucune réſiſtance de ma part; au contraire, je puis m'oppofer à la feconde, une fatale expérience m'en convainc; je n'ai arrêté que trop fouvent l'action de cette miféricorde par mes péchés. D'où je conclus, que je me dois tout entier à J. C. fans partage & fans réferve; qu'il ne me refte pas un moment, dont j'aie droit de difpofer ; que fon Domaine s'étend fur tous les temps de ma vie.

Oui, fi je fuis à fes yeux dans un état de juftice, c'eſt à lui qu'il faut l'attribuer; cette juftice eſt l'ouvrage de fa grace : à la vérité, je ne dois rien omettre pour que cette grace de J. C. continue d'agir; qu'eſt-ce à dire, *je ne dois rien omettre* ?...

Qu'il appartient à cette même grace de m'aider continuellement de son secours, pour empêcher que je ne retombe dans le péché qui en arrêteroit l'action. Et la conservation de la justice dans l'homme & la conservation de ses jours, rien donc qui ne doive être rapporté à J. C.

Entretien.

Je suis au nombre de vos créatures, Seigneur; oui, c'est vous qui m'avez créé. Fatal moment que celui, où je me suis souftrait à votre souverain Domaine sur moi ! Que ne puis-je l'effacer avec des larmes de sang !... Au moins, agréez aujourd'hui mon repentir. Je me rends à vous; que l'occasion, où je succomberois à la tentation de me séparer de vous, n'arrive jamais. Vous m'avez aimé avant que je fusse, que je vous aime aussi du plus tendre amour.

Ce tendre amour, où le puiser avec abondance, sinon dans le Sacrement, qui en est & la preuve & le gage ? Mettez-moi donc vous même en état de le fréquenter avec des accroissemens de ferveur toujours nouveaux, afin que mon cœur, qui ne veut concevoir d'affections que pour vous, se trouve enfin embrasé du beau feu que vous êtes venu répandre sur la terre.

Puissent ces vœux, que je forme en votre présence & par votre grace, ne point ressembler à ceux que j'ai formés autrefois ; souvent j'ai promis de vous prouver mon amour par des œuvres ; & rarement j'ai tenu mes promesses. Aussi ai-je retardé le cours des graces que vous me destiniez ; j'ai empêché qu'elles ne produisissent tout l'effet que vous en attendiez ; le dirai-je, hélas !... j'en ai peut-être tari la source par de nombreuses & énormes infidélités. . .

Souvenir douloureux ; quel eût été le sort de mon ame, ô JESUS ! si la vue de ma misere ne vous eût attendri ?... Mais vous avez parlé, & mon ame a entendu votre voix, elle a retrouvé la vie & la lumiere qu'elle avoit mérité de perdre, qu'elle avoit perdues : bienfait, dont je sens tout le prix ; bienfait que je veux conserver jusqu'à la mort. Cependant quels que soient mes desirs & mes promesses, je ne puis rien sans vous ; affermissez vous-même, je vous en conjure, *mes pas dans le sentier de votre justice ; & par reconnoissance je vous offrirai une Hostie de louange, c'est-à-dire,* vous-même à vous-même, ô Jesus ! mon Dieu, *& tous les jours de ma vie je célébrerai votre nom.* (Ps. 115.)

Jesus-Christ , notre Rédempteur.

Dedit Redemptionem semetipsum pro omnibus.
1. Tim. 2.

J. C. s'est donné lui-même pour être le prix du rachat de tous les hommes.

1°. LE moment où Adam avoit péché, & où tous les hommes avoient péché en Adam , étoit l'époque de leur perte commune, si personne ne s'étoit offert à la justice Divine pour les racheter des peines éternelles qu'ils avoient encourues. Satisfaction onéreuse & supérieure aux forces humaines : le Verbe de Dieu se charge d'en remplir toutes les conditions ; il prend notre nature dans une seule personne , qui est J. C. Il meurt sur la Croix pour le salut de tous les hommes , il ressuscite, il monte aux Cieux, en même-temps il demeure avec nous dans l'Eucharistie.

J. C. nous a donc rachetés. Mais comment ? est-ce en vertu de la Divinité,

qui

qui habitoit en lui dans toute sa plénitude ? Non, comme Dieu, il exigeoit
lui-même pour les coupables une entiere
satisfaction : est-ce en vertu de son Humanité ? Non, comme homme seulement,
il ne pouvoit donner cette satisfaction infinie, qu'un Dieu offensé avoit droit
d'attendre. Il ne falloit rien moins que
l'union du Verbe à l'humanité dans une
seule personne : cette personne s'offre
donc au Pere, elle souffre, elle meurt.

O très-sainte Humanité de J. C. qui
comprendra jamais le mérite de l'offrande, que vous fîtes de vous-même, ainsi
que l'obligation étroite, qui doit vous
attacher tous les hommes ! Si la grandeur du service, que vous leur avez rendu,
se mesure sur la grandeur du mal, qui
les attendoit, quelle sera leur reconnoissance ! *Vous avez effacé*, par votre
Sang, *le redoutable arrêt de condamna-*
tion, qui étoit porté contr'eux ; vous l'avez
annullé, *en l'attachant à la Croix.* (Col. 2.)

2°. J. C. s'est offert à nous racheter,
parce qu'il l'a bien voulu. (Is. 53.) *Il nous*
a aimés, dit l'Apôtre, & conséquemment

à cet amour, *il s'est livré lui-même pour nous en qualité d'offrande & de victime d'une odeur agréable à Dieu.* (Ephes. 5.) Qui a jamais donné de si fortes preuves d'amour ? est-il ordinaire de trouver un ami, assez détaché de lui-même, pour faire le sacrifice de sa vie à un ami, quelqu'estimable que soit cet ami par les belles qualités du cœur & de l'esprit ? Cet exemple que l'Histoire fournit à peine, J. C. le donne ; il meurt pour nous lorsque nous étions à ses yeux des objets de colere & de haine.

Aussi S. Paul dit-il que sa charité *est bien au-dessus de nos connoissances,* (ib. 3.) c'est-à-dire, incompréhensible, parce qu'elle est infinie : un Dieu crucifié pour sauver les hommes, quel Mystere en effet !... *Puissent-ils donc, selon le degré de lumiere qui vient d'en haut, comprendre avec tous les Saints quelle est la largeur, la longueur, la hauteur & la profondeur du sacré Cœur de* JESUS, en qui se trouve un amour si ardent, si fort, si généreux ! Le don, que le Pere céleste a fait aux hommes, de son Fils unique prouve sans doute qu'il les a aimés ; ce Fils unique, qui consent à devenir lui-même ce don, n'ajoute-t-il pas à cette preuve ? cette preuve n'acquiert-elle pas par sa mort une force plus grande encore ?

3°. J. C. mourant sur la Croix a satisfait à la justice de son Pere pour les péchés de tous les hommes, de maniere que la Rédemption de chacun d'eux ne se consomme qu'autant que cette satisfaction leur est appliquée : application proportionnée aux dispositions intérieures qu'ils apportent ; ainsi, Dieu l'a-t-il arrêté dans ses décrets. Or, J. C. dans les Cieux, où revêtu de notre humanité, il se présente pour nous à son Pere, continue d'exercer l'office de Rédempteur, chaque fois qu'il le prie de nous accorder les secours, dont nous avons besoin pour participer à ses mérites.

Voilà ce qu'il fait dans l'Eucharistie, non-seulement pour nous, mais encore pour ceux qui nous ont précédés avec le signe de la foi. Oui, il a égard dans l'Eucharistie aux suffrages des vivans ; à leur priere, il applique une partie de cette satisfaction infinie aux morts, qui sont encore redevables à la justice Divine pour des péchés même pardonnés.

C'est donc au-delà de cette vie que s'étend l'indulgence, la bonté, la clémence de notre Rédempteur; après avoir remporté sur la mort un triomphe digne de lui, il vit & ne paroît vivre que pour nous; soit dans le Ciel, où son Pere céleste le glorifie; soit sur la terre, où, afin de nous attirer à lui, il consent à cacher cette gloire sous les voiles du pain & du vin.

Entretien.

Tant de prodiges d'un amour bienfaisant & constant dans sa bienfaisance, pourroient-ils ne pas fixer ma reconnoissance? Ah! si je refusois d'en nourrir mon esprit & de les repasser dans ma mémoire; quelle idée me formerois-je du sentiment qui doit m'animer?

Non, non; je ne les oublierai pas ces prodiges; ils seront pour moi l'objet d'une continuelle & délicieuse méditation; ils me rappelleront votre amour, Seigneur, & je vous aimerai, parce que vous m'avez racheté, & que vous continuez toujours de me racheter : penſées, deſirs, projets, actions ; tout ce que je ſuis, toute ma perſonne eſt à vous ; diſpoſez-en comme d'un bien qui vous appartient : *vous avez rompu mes liens*, liens du péché ; je ne veux plus porter que les vôtres ; trop heureux, ô JESUS ! de me dire & d'être véritablement votre ſerviteur : vous m'avez racheté ſelon votre grande miſéricorde ; ne permettez pas que je reprenne la route des impies, la route de perdition ; *dites donc à mon ame que vous êtes ſon ſalut*, & que mon ame l'entende enfin pour vous demeurer à jamais fidelle.

Jesus-Christ , notre Législateur.

Legifer noster. Is. 33.

Il est notre Législateur.

1°. **N**ous avons déja présenté J. C. comme étant la fin de la Loi ancienne ; paroît - il sur la terre ? il en établit une autre bien plus excellente ; en vertu de cette Loi , les figures disparoissent pour faire place à la réalité ; le Sacerdoce d'Aaron avec tous les Sacrifices & les Sacremens institués pour les purifications légales & la rémission des péchés , est aboli. A titre d'essentielle & éternelle Vérité J.C. seul reste ; il est dans l'Euchariftie notre Prêtre , notre Sacrifice, notre Sacrement.

La Loi nouvelle contient donc l'Auteur de la grace, & la donne par elle-même : avantage , que l'ancienne Loi n'avoit pas ; elle procuroit , il est vrai , le moyen d'y parvenir par la foi en J. C. le Messie promis, mais elle ne la conféroit

point par elle-même, puisqu'elle n'étoit
pas encore étayée des mérites & des actions de J. C. Nous sommes donc plus
heureux que les Juifs ; ce qu'ils atten-
doient, nous le possédons dans l'Eucharistie ; *la Loi leur fut donnée par Moyse*,
(Joan. 1.) la grace & la vérité nous est
venue par J. C. Les Sacrifices & les Sacremens, qui avoient cours parmi eux,
n'étoient que des élémens grossiers & impuissans de leur nature ; les nôtres con-
tiennent ce qu'ils signifient : nous offrons
à Dieu par les mains des Prêtres, le
Dieu qui s'est fait Homme pour nous.
Ils vivoient sous une loi de crainte salu-
taire & utile à tous égards ; celle que
nous avons reçue, l'emporte d'autant plus
par son excellence, qu'elle a son principe dans l'amour : une foule de sanctions
légales les accabloit & les tenoit dans une
espece de servitude ; le devoir pour nous
se réduit à un petit nombre de préceptes;
depuis l'adoption, que Dieu a faite de
nous, nous marchons dans la sainte liberté de ses enfans.

Ajoutons encore à ce parallele ; Moyse

a confirmé la Loi par le sang des boucs & des taureaux, *en difant, c'eft-là le fang du Teftament, que Dieu a ordonné de faire pour vous.* (Heb. 9.) J. C. a cimenté la Loi de fon propre Sang, lorfqu'il a inftitué le Sacrement de l'Euchariftie; car, en prenant en main la Coupe, qu'il donna à fes Difciples, il leur dit : *ceci eft mon Sang* qui fait *le nouveau Tefta-ment :* ordonnance, qui fe réitere chaque fois qu'on offre le Sacrifice de la Loi nouvelle.

2°. Ce n'eft point fans raifon que J. C. a dit dans fon Evangile, *mon joug eft doux & mon fardeau léger;* (Matt. 11.) vérité, qui fe rend comme fenfible par rapport à l'Euchariftie; point de Sacrement en effet, quand fur-tout on le fréquente avec fruit, qui facilite davantage la pratique de la Loi.

Ne diroit-on pas que David ait eu cette douce expérience, lorfqu'il s'écrioit: ah ! Seigneur, *quand il vous plaît de dilater mon cœur par une fainte joie, je cours alors avec ardeur dans la voie de vos commandemens.* (Pf. 118.) Or, rien n'eſt plus propre à dilater notre cœur que l'Euchariſtie ; pourquoi ? parce que là principalement agit le feu du divin Amour, à qui il appartient d'agrandir, d'exciter, d'éclairer, d'échauffer, d'embraſer le cœur de l'homme, froid de ſon naturel, & difficile à émouvoir, quand il s'agit de Dieu.

Ce beau feu agiſſoit ſur les deux Diſciples d'Emmaüs, quoique leur foi en J. C. fût chancelante & qu'ils ne le reconnuſſent pas : avec combien plus de force n'agira-t-il pas ſur ceux qui reçoivent ce divin Sauveur dans l'Euchariſtie, s'ils apportent à ce Sacrement la préparation néceſſaire ?...

Ces deux Diſciples voyoient J. C. & ne le connoiſſoient pas ; ſous la nue de la foi comme eux, nous ne ſommes point admis ſans doute à le voir de nos yeux ; mais nous ſavons qu'il eſt dans l'Euchariſtie, nous l'y adorons, nous y entendons ſa voix, nous la diſtinguons au fond du cœur.

Ces rapports d'intimité, que JESUS nous donne avec lui, doivent donc exciter en nous le plus ardent amour, un amour qui dilate notre cœur, qui le rende courageux, fort & généreux au service de Dieu le meilleur de tous les Maîtres.

Cessons donc de croire le joug de la Loi insupportable ; & dans les difficultés ou les peines, qui pourroient survenir, n'attaquons point par nos murmures la vérité des paroles de J. C. mais présentons-nous avec confiance devant le Trône de son amour ; c'est-là que nous goûterons l'onction & la paix qu'il a attachée à son joug, & que nous bénirons le moment heureux où nous nous serons chargés de son fardeau.

Entretien.

De quel regret ne dois-je point être pénétré, Seigneur, quand au moment de vous recevoir, je me rappelle mes négligences, mes infidélités, ma désobéissance à votre loi, à cette Loi, que vous êtes venu apporter vous-même sur la terre, & que vous avez scellée du sceau de votre Sang!

Ah ! je n'ai dans ma douleur d'autre

parti à prendre que celui des Israélites au retour de leur captivité en Babylone ; rassemblés & rendus à eux-mêmes, ils n'ont pas plutôt entendu ceux qui leur firent la lecture de la Loi, que repassant dans leur esprit le nombre des fautes qu'ils avoient commises, ils s'écrierent, l'amertume dans l'ame & les larmes aux yeux : ah ! *qu'il ne nous arrive jamais d'abandonner le Seigneur... Nous le servirons parce qu'il est notre Dieu.* (Jos. 24.) Je déteste à leur exemple tout ce qui m'est échappé de contraire à votre Loi, je m'engage pour toujours à l'observer. Daignez ratifier vous-même cette résolution, afin que tous mes momens s'écoulent dans la pratique de vos commandemens.

Quel seroit mon bonheur, si je pouvois dire à la mort ; dans le cours de ma vie j'ai fait tout ce qu'un Dieu-Législateur exigeoit de ma soumission... Mon ame, méditez ce bonheur & vous n'omettrez rien pour vous le procurer.

Jeſus-Chriſt, notre Chef.

. *Ipſe* (Chriſtus) *eſt caput corporis Eccleſiæ.*
Coloſſ. 1.

J. C. eſt le Chef du corps de l'Egliſe.

1°. C'EST particuliérement dans l'Euchariſtie que J. C. exerce à notre égard
les fonctions de Chef, puiſqu'il y entretient, nourrit, gouverne & protége l'Egliſe, qui eſt ſon Corps myſtique : il
s'intéreſſe donc à chacun de nous comme
membres de ce Corps, tirés de ſa chair &
de ſes os. (Epheſ. 5.)

Or, on diſtingue deux ſortes de membre s dans l'Egliſe militante ; les uns ſains
& pleins de vie doivent à J. C. leur Chef
la gra ce, qui les rend agréables aux yeux
de Dieu ; grace qu'ils recoivent en bien
plu s grand'e abondance, quand ils participent à la Sainte Euchariſtie : les autres
ſont des membres languiſſans, arides,
privés d e l'eſprit de vie ſurnaturelle, ſans

que cependant ils ceſſent de faire partie du Corps de l'Egliſe, & d'avoir J. C. pour Chef. Eh ! ſous quel rapport continue-t-il d'être encore leur Chef ? En concevant pour eux les ſentimens d'une tendre & affectueuſe compaſſion, en ſollicitant leur pardon auprès de ſon Pere, en s'offrant lui-même pour leurs péchés, en ménageant leur réconciliation parfaite.

Voilà comment Jeſus-Chriſt ſe montre le Chef des uns & des autres : il appelle les premiers à la participation de ſes graces ; ils puiſent dans le tréſor de ſes mérites toutes ſortes de richeſſes ſpirituelles : il donne aux derniers les plus éclatantes preuves de la patience Divine ; il les ſouffre dans ſon Egliſe, dont il pourroit les retrancher ; il les viſite dans ſa douceur, & les preſſe de retourner à lui par la pénitence ; il prépare avec tant de ſageſſe les événemens de la vie, que s'ils ne ſe réuniſſent pas tous à lui *par la charité qui couvre la multitude des péchés*, ils ſont dès-lors coupables d'opiniâtreté & de réſiſtance ; c'eſt d'eux-mêmes que vient leur perte.

2°. Venons à nos obligations, conçues relativement au titre que nous méditons. Que devons nous à J. C. notre Chef? le respect ; il est pour nous un Dieu revêtu du brillant éclat de la Majesté : l'obeiffance ; il nous gouverne ; il est dans l'ordre que des membres se conforment à la volonté du Chef : la confiance : il a pour nous des entrailles de miséricorde, il voit avec douleur ceux qui s'écartent des voies du salut ; c'est dans l'Euchariftie qu'il les attend, parce que là il étale à leurs yeux toutes les richeffes de fa bonté & de fa clémence : l'action de graces pour fes bienfaits ; *nous avons tout reçu de fa plénitude* : (Joan. 1.) un tribut de louange & d'admiration ; s'il arrive quelquefois que nous nous féparions de lui par l'ingratitude du cœur & par la révolte de l'efprit, *il ufe de patience... ne voulant point que pas un feul périffe ; mais que tous ayent recours à la pénitence* : (2. Pet. 3.) le fentiment d'une jufte crainte ; qui n'appréhendera pas de tomber entre fes mains ? *Il peut précipiter en Enfer l'ame & le corps :*

(Matt. 10.) la fidélité à nos promesses ; nous avons accepté le Testament ou l'alliance, *dont il est le médiateur.* (Heb. 8.) Or, en choisissant Jesus-Christ pour notre Chef, nous nous sommes engagés à ne nous écarter jamais, par notre conduite, des articles portés dans ce Testament.

En un mot, que devons-nous à J. C. Ah ! nous lui devons amour pour amour : *il nous a aimés, & nous a aimés jusqu'à la fin* ; (Eph. , Joan. 13.) il a trouvé par l'Eucharistie le moyen de nous le prouver jusqu'à la fin des siecles. Quel prodige est le plus surprenant, ou l'amour du Chef pour ses membres, ou l'indifférence des membres pour leur Chef ?..

3°. Il reste à considérer J. C. comme Chef des Fideles, sous deux jours différens ; sur la terre, dans sa vie mortelle ; au Ciel, dans sa vie glorieuse : là, il a souffert ; couronné d'épines, couvert d'opprobre, attaché à la Croix, il a expiré dans les plus cruelles douleurs : ici, assis à la droite de son Pere, il jouit d'une gloire souveraine, prix de ses souffrances; son regne n'aura point de fin.

En qualité de Chef, il desire infiniment que ses membres ayent part à sa gloire, à son bonheur, à son empire même; à la condition cependant que, pendant qu'ils seront sur la terre, ils vivront comme lui, autant qu'il est donné à la foiblesse humaine d'atteindre à sa ressemblance; condition nécessaire; S. Paul ne veut pas qu'aucun de nous l'ignore: *Si toutefois*, dit-il, *nous participons à ses souffrances.* (Rom. 8.) Non, qu'on ne s'attende pas à se réjouir dans l'éternité avec J. C. si dans le temps on refuse de pleurer avec lui: point de Royaume, pour qui n'a pas partagé ses humiliations & porté sa Croix. Il faut donc dans notre chair mortelle vivre autant qu'il se peut de la vie de JESUS.

Entretien.

Vous avoir pour Chef, ô divin JESUS! quel honneur pour moi! les plus brillantes dignités du monde ont-elles rien de comparable !... Une vile créature, pouvoir se glorifier d'être le membre d'un Chef qui est Dieu !... O grace au-dessus de toutes les graces !... ai-je compris l'obligation qu'elle m'impose? Ai-je tenu une conduite, qui répondît à la dignité de mon Chef? Ai-je secondé ses intentions, lorsqu'il m'a adopté au nombre de ses membres ?...

O JESUS ! toutes ces questions me couvrent de honte & me réduisent à un silence, qui fait mon crime, parce qu'il me convainc de sensualité, de mollesse, d'infidélité, de désobéissance, de témérité, d'ingratitude, de perfidie, &c. &c.

Ah ! c'en est fait ; le contraste de votre vie avec la mienne me devient un poids, sous lequel je succombe ; non, je ne rougirai plus de vos persécutions, de votre pauvreté, de vos humiliations, de vos souffrances, de votre Croix ; je veux marcher sous votre étendard, & me montrer désormais un de vos serviteurs & de vos membres, *dans l'infortune & la prospérité, dans l'abaissement & l'élévation.* Faites par votre grace que j'aye les mê-

mes defirs, les mêmes fentimens, la même volonté que vous. O ! fi je retirois pour
fruit de ma Communion cette parfaite
conformité avec vous, que je m'eftimerois
heureux ! je ferois riche de mon Dieu
même.

Jesus-Christ, notre Pasteur.

Ego sum Pastor bonus. Joan. 10.

C'est moi qui suis le bon Pasteur.

1°. LE Prophete Isaïe avoit J. C. en vue quand il disoit, le temps approche où *le Seigneur viendra... comme un Pasteur qui nourrira lui-même son troupeau.* (Is. 11.) Ce Seigneur, c'est J. C. que son Pere a envoyé du Ciel en terre pour conduire son peuple ; *ce peuple, ces brebis, ce troupeau qu'il nourrit dans ses pâturages, c'est nous.* (Ps. 94.) Confiés à sa garde, à sa tendresse, nous avons éprouvé de la part de ce Pasteur généreux des soins proportionnés à notre malheureux état.

Qu'étions-nous en effet sans lui ? autant de brebis devenues le jouet des loups ravissans : pour nous arracher à leur rage, il se présente donc, il combat pour nous jusqu'à donner sa vie, il établit son Eglise, il nous reçoit dans son sein ; & là, comme dans un bercail assuré , il nous protége contre tous les efforts de l'ennemi.

Il ne nous falloit rien moins que toute la charité de ce bon Pasteur pour nous tirer du profond abyme , où le péché nous avoit plongés. Ah ! que cette charité continue de verser sur moi ses influences ! Originairement malheureux , ne le serois-je point encore par réflexion , par volonté , par choix ?... Ne seroit-il pas nécessaire que dans la sincérité de mon ame je fisse cet humiliant aveu ; *je me suis égaré comme une brebis indocile* , Pasteur de mon ame , *venez à mon secours ?*

2°. Jamais J. C. ne cessera d'être notre Pasteur dans l'Euchariftie. C'est-là , comme sur un lieu éminent , qu'il a fixé sa demeure le jour & la nuit , afin que ses ouailles puissent & distinguer plus aisément sa voix , & prendre modele sur lui : c'est là qu'il se prête à tous leurs besoins; tantôt il les instruit , leur montre le danger qui les menace , leur suggere le sûr moyen de l'éviter , les excite à la vigilance ; tantôt il les rappelle de leur égarement , les reprend avec douceur , les lave dans fon Sang, les nourrit de fa Chair. Voilà comment J. C. foutient fa qualité de Pafteur : nos feuls intérêts le touchent & l'occupent.

Après cela, qui ne fe récriera pas fur le bonheur des ames, qui font fous fa conduite? qui n'ambitionnera pas la gloire d'occuper une place parmi elles? & dans la fuppofition qu'on occupe déja cette place de diftinction, qui pourra ne pas trembler à la vue de fon inconftance dans le bien, dans fes bons propos, dans fes réfolutions faintes?...

Défiance chrétienne fans doute ; mais ne la portons point jufqu'au défefpoir ; animons-nous au contraire & ofons, pleins des mêmes fentimens que S. Paul, donner un noble défi à toutes les créatures, & dire avec lui, *qui me féparera de la charité de J.C. ?* (Rom. 8.) Il n'eft point de Pafteur comme lui ; j'implorerai fa bonté, & j'en reffentirai les effets ; j'invoquerai fa puiffance, & il me fecourra.

3°. Un bon Pafteur connoît fes brebis ; des brebis bien morigénées connoiffent auffi leur Pafteur ; il les appelle chacune

par leur nom, elles l'entendent & le suivent. Rapports néanmoins, qui ne font
pas toujours réguliérement obfervés par
J. C. il arrive quelquefois qu'il fe préfente
à fes brebis, fans que fes brebis le recon-
noiffent : les deux Difciples d'Emmaus,
qui étoient de ce nombre, l'éprouverent:
JESUS fe joint à eux, voyage avec eux,
s'entretient avec eux, & ils le prennent
pour un étranger, leurs yeux ne s'ouvrent
qu'*à la fraction du pain*. (Luc. 24.)

Ainfi en eft-il de J. C. dans l'Eucha-
rifte : quoiqu'il s'y cache à nos yeux, il
n'en agit pas moins fur notre entendement, fur notre volonté, fur notre cœur.
Sommes-nous affez fideles, affez attentifs
pour l'y reconnoître, pour fentir l'action
de fa grace, pour l'entendre ? Pourquoi
cette tiédeur, cet aveuglement fpirituel,
cette lenteur à nous rendre où nous appelle la voix & l'exemple de notre Pafteur?
C'eft que nous apportons peu ou point de
préparation : cependant il parle, il invite,
il preffe... & nous fommes froids, fourds,
muets à fon langage!

Ah ftupidité ! conjurons ce Pafteur charitable de nous accorder la grace de le connoître de plus en plus ; prions-le qu'il ne permette pas que jamais nous quittions les heureux pâturages, où il nous conduit, sans croître dans son divin amour.

Entretien.

Lorsque vous vous présentez à nous sous le titre d'un bon Pasteur, ô JESUS ! vous donnez assez à comprendre que les plus beaux feux consument votre cœur.

Oui, c'est en qualité du Dieu qui aime les ames, que vous paroissez dans cette parabole ; rien qui n'y concourt à exprimer le desir qui vous presse, de voir tous les hommes dans votre bercail du salut, & intimement unis à vous dans le Sacrement de votre amour. Ah ! si tous étoient disposés à remplir, d'une maniere digne de vous, ce noble desir !... quelle sainte harmonie regneroit sur la terre ! vous seriez leur unique Pasteur ; ils seroient vos ouailles chéries : mais parce que vous êtes Dieu, vous nous laissez dans la main de notre conseil : lors même que vous expliquez vos vœux & vos intentions, jamais vous n'ufez de contrainte. Eh ! de quel prix feroient à vos yeux des fervices qui ne tireroient point leur mérite du facrifice de notre liberté , le feul que nous ayons à vous faire ?

Je vous le fais, ô mon Dieu ! ce facrifice & de tout mon cœur : c'eft à vous uniquement que je veux m'attacher ; *vous avez les paroles de la vie éternelle ;* je les écouterai & n'en écouterai point d'autres. *Bon Pafteur , vrai pain* de mon ame, *nourriffez-la , protégez-la ,* occupez-la toute entiere : que le defir de vous entendre , que l'ardeur à vous fuivre , que les raifons de vous aimer fe fortifient de jour en jour; foyez le motif & le terme de mes penfées , de mes deffeins , de mes affections ; fuppléez vous-même à ce qui me manque ; donnez - moi vos foins préférablement aux quatre-vingt-dix-neuf juftes qui vous fervent ; je fuis hélas ! cette centiéme brebis qui périt , fi vous ne venez à mon fecours.

Jefus-Chrift ,

Jesus-Christ, notre Pere.

Ego vitam æternam do eis. Joan. 10.

C'est moi qui leur donne la vie éternelle.

1°. CE n'est point sans fondement que nous appellons JESUS notre Pere, *puisque de son plein gré il nous a engendrés par la parole de vérité,* (Jac. 1.) c'est-à-dire, par l'Evangile, afin que *nous tenions en quelque sorte le premier rang parmi ce qu'il a créé:* aussi lui devons-nous, dit S. Pierre, *la grace d'être fideles envers Dieu.* (1. Pet. 1.) J. C. peut donc se glorifier de nous avoir fait enfans de Dieu , & avec bien plus de raison que l'Apôtre S. Paul écrivant aux Corinthiens ; c'est à cette génération spirituelle, fruit de sa mort, qu'il préparoit les Juifs, quand il leur disoit, *je suis venu pour qu'ils ayent la vie* (Joan. 10.)

Et comment nous l'a-t-il donné cette vie selon l'esprit ? en donnant la sienne pour nous la : Croix, voilà le lit de souffranc & d'opprobre, où il nous a engendrés : comme Benjamin a été pour Rachel un enfant de douleur ; ainſi nous ſommes tous les enfans des douleurs & des angoiſes d'un Homme-Dieu ; c'eſt de ſon côté, ouvert par une lance, que nous ſommes ſortis, pour jouir des plus pures lumieres de la foi, pour vivre un jour d'une éternelle vie.

2°. J.C. ne s'eſt point contenté de nous avoir engendrés ſur la Croix ; il a encore pris ſoin de notre enfance ſpirituelle ; il nous a préparé lui-même une nourriture, ſa Chair & ſon Sang, afin que, fortifiés d'une force Divine, nous fiſſions toujours de nouveaux progrès dans la vie de la grace.

O Amour ! l'amour du pere le plus affectionné, ou de la mere la plus tendre, n'a rien qui en approche, il peut tout au plus ſervir d'ombre au magnifique tableau que J. C. offre ici à notre admiration. J.C. ſe donnant ſi généreuſement dans l'Euchariſtie eſt donc pour nous plus que ne feront jamais aux yeux de la nature tous les peres & toutes les meres du monde : plus d'un lien ſans doute nous attache à eux ſur la terre, nous leur devons beaucoup dans l'ordre naturel ; mais par combien d'obligations , & plus essentielles & plus précieuses, ne sommes-nous point unis à J. C. notre Pere selon la grace ? Nous avons reçu des premiers une vie périssable , & traversée par un si grand nombre de miseres & de calamités, qu'on peut l'appeller une vie de mort : J. C. nous a fait naître pour une vie, qui durera toujours si nous n'apportons point d'obstacles à ses desseins ; vie de gloire, vie d'une parfaite félicité, vie , où J. C. nous dira : mon fils , *vous voilà* enfin *pour toujours avec moi ;* tous mes *biens font à vous*; (Luc. 15.) jouissez en paix de l'héritage , dans lequel je ne suis entré moi-même par mon Sang , que pour vous le préparer.

3°. Une telle générosité doit sans doute parler à nos cœurs , & les attacher sans retour à J. C. car , dès-lors que toute sa Personne est un bien , dont il veut que nous disposions , nous devons lui appartenir sans ménagement, sans réserve , sans restriction : l'Eucharistie nous le présente comme un Dieu, toujours dévoué à nos intérêts; il n'est dès-lors ni temps, ni lieu, qui excuse notre indifférence pour lui. Tirons-nous de ces principes de justes conséquences?

Hélas ! le reproche que le Seigneur adressoit autrefois à son peuple par Malachie, ne nous conviendroit-il pas, & dans un sens encore plus rigoureux?... *Le fils honore son pere*, (Mal. 1.) voilà un usage fondé fur la nature, le devoir & la reconnoissance ; *si je suis votre Pere, où est le tribut d'honneur que vous me devez?* Appliquons ce principe, entrons avec nous-mêmes dans l'examen des parties de ce devoir. Par où lui témoignons-nous notre zele à procurer sa gloire ? à repousser l'injure qu'on fait à son nom ? à respecter ses volontés ?...

Quelle est notre assiduité auprès de son adorable Personne ? Quel plaisir éprouvons-nous à l'entretenir ? Recourons-nous à lui dans nos peines, dans nos doutes, dans nos afflictions, dans nos inquiétudes, dans nos ténebres ? &c. Lui avons-nous jamais fait de ces tendres ouvertures de cœur, qui annoncent la confiance &

l'amitié ? Allons-nous au-devant de ses defirs ? nous portons-nous avec ardeur à les interprêter comme autant de précep= tes ? &c. &c.

Entretien.

Cet examen, Seigneur, quelque fuper= ficiel qu'il foit, me pénetre de douleur. La foi me montre en vous un Pere, un Pere tel que tous les peres enfemble ne pourroient égaler ; mais les œuvres prou= vent-elles que je fois un fils digne de vous ? Hélas ! cette vie précieufe, que j'ai reçue par votre grace, a-t-elle toujours fait le principal objet de mon eftime & de mes foins ? ne me fuis-je pas fouvent expofé à la perdre ? ne l'ai-je pas même perdue quelquefois ?... Je la réputois donc de peu de valeur ! je n'en connoiffois donc pas le mérite ! cette indifférence à la con= ferver n'eft-elle pas une forte de mépris, qui retombe par contre-coup fur vous- même, ô le Pere de mon ame ?

Oui, divin JESUS, c'eft contre vous que j'ai péché ; je mérite que vous me traitiez comme un étranger, qui n'a plus

droit à être appellé votre fils... Cependant vous voulez encore que je prenne
cette auguste qualité : ah! je retourne donc
à vous avec tous les sentimens du Prodigue ; je me jette entre vos bras ; je mets
en vous ma confiance ; je me soumets à
tout ce qu'il vous plaira ordonner de moi,
afin de ne plus dégénérer d'un Pere tel
que vous.

Jesus-Christ, notre Frere.

Non confunditur fratres eos vocare. Heb. 2.

J. C. n'a point honte de leur donner le nom de freres.

1°. JESUS, comme Dieu, est Fils de Dieu, consubstantiel à Dieu son Pere. Que s'en suit-il pour nous de cette génération éternelle du Verbe? quel rapport nous donne-t-elle avec notre nature? un rapport bien glorieux: c'est que *tous ceux qui l'ont reçu, ont reçu* tout à la fois *le pouvoir de devenir enfans de Dieu.* (Joan. 1.) Nous tenons donc de J. C. une naissance spirituelle, qui nous fait enfans de Dieu non-seulement de nom, mais encore en effet: *que si nous sommes enfans de Dieu,* (Rom. 8.) nous voilà dès-lors *les héritiers, les cohéritiers de* J. C. par conséquent ses freres, non par nature, mais par grace; en vertu de laquelle, 1°. *nous avons reçu l'esprit d'adoption des Enfans de Dieu, par lequel nous*

H iv

crions Pere, Pere ; (ib. 15.) 2°. nous participons à la nature Divine. (1. Pet. 1.) autant qu'une nature foible & infirme comme la nôtre, en est capable.

Chrétiens, quel que soit votre état dans le monde, pénétrez - vous de reconnoissance pour J. C. qui vous admet au nombre de ses freres, & vous mérite de porter le titre des vrais Enfans de Dieu. En méditant sur de si glorieux privileges, efforcez-vous de connoître l'étendue des devoirs que prescrit une si haute dignité : fixez vos regards sur le Ciel, comme unique héritage que vous prépare un Dieu ; faites-en souvent la matiere de vos pensées, de vos desirs, de vos entretiens ; que cette vue vous anime, vous soutienne, vous encourage à supporter les miseres & les afflictions de cette vie ; n'allez pas vous, qui avez par grace le droit de regner avec JESUS dans le Ciel, vous dégrader au point de n'aimer que les choses de la terre.

1°. Si J. C., comme Dieu, est notre Frere selon la grace, il l'est encore, comme Homme, selon la nature ; *car, c'est avec le sang d'Abraham qu'il s'est allié;* *& non pas avec les Anges;* (Heb. 2.) c'est-à-dire, qu'il a pris de nous l'humanité : pourquoi ? *pour détruire par la mort celui qui avoit l'empire de la mort;* (ibid.) *delà vient* qu'au péché près, étant essentiellement impeccable, *il a dû se faire en toutes choses,* qui appartiennent à la nature humaine, *semblable à ses freres,* afin que, touché de leurs miseres, *il fût un Pontife fidele auprès de Dieu pour obtenir le pardon des péchés du peuple.*

Et comment ne seroit-il pas notre frere selon la nature ? il n'est appellé Fils de l'homme, qu'en conséquence de notre nature; il est donc homme. Disons plus; lorsqu'il a donné à Marie sa mere, S. Jean pour lui tenir lieu de fils sur la terre, ne nous a-t-il pas tous adoptés pour ses freres dans la personne de ce Disciple bien-aimé ? Notre nature, ainsi divinisée en quelque sorte par Jesus-Christ, demande donc de nous une espece de respect; accomplir en nous les desirs de la chair, ce seroit donc la déshonorer & manquer à

H v

Jesus-Christ qui l'a sanctifiée par son union avec nous.

Ah ! bien loin de nous permettre rien qui choque ou détruise les rapports fraternels, qu'un Dieu nous a donnés avec lui, portons extérieurement son image, comme déja nous la portons intérieurement par sa grace; faisons briller dans notre conduite toutes les vertus, celles-là particuliérement qu'il a le plus chéries; la modestie, la douceur, la chasteté, la tempérance, l'humilité, son zele & pour la gloire de son Pere, & pour le salut de tous les hommes qui sont nos freres en lui & avec lui.

3°. Jusqu'ici nous n'avons envisagé que sous un aspect général J. C. comme notre frere; le considérons-nous sous les voiles Eucharistiques ? il y soutient cette qualité & la prouve d'une maniere encore plus convaincante. Plus il regne d'amitié entre des freres bien nés, & plus il y a de prévenance, de communication, de générosité, de secours, de support mutuel.

C'eſt ainſi que dans l'Euchariſtie Jeſus-Chriſt ſe montre notre frere. 1°. Il nous invite & nous admet à ſa table. 2°. Il nous y communique tous ſes mérites. 3°. Il s'y donne ſans ſe rien réſerver. 4°. Sa Chair & ſon Sang y ſont pour nous le gage d'une glorieuſe réſurrection. 5°. On l'y trouve toujours diſpoſé à nous protéger contre les ennemis de notre ſalut ; *car , dès lors qu'il a ſouffert lui-même & qu'il a été éprouvé , il eſt en état de ſecourir ceux qui ſont mis à l'épreuve.* (Heb. 2.)

D'ailleurs il nous y tient lieu de Pontife éternel ; il ne ceſſe donc de s'y offrir à ſon Pere pour nous obtenir la rémiſſion de nos péchés. Enfin il y eſt comme ſur un Trône de graces ; il ne faut que s'y préſenter avec les préparations néceſſaires pour en retirer toutes ſortes d'avantages ; *allons - y donc avec confiance. . . afin d'y trouver grace pour être ſecourus dans nos beſoins.* (ib. 4.) Quelle matiere de gloire , quel champ à notre courage , quelle ſource de conſolations, quel fondement à nos eſpérances ne nous fournit pas , d'après ces principes de foi , la Divine Euchariſtie ?

H vj

Entretien.

Quelle idée me formé-je de JESUS,
aujourd'hui qu'il se présente à mon ame
en qualité de frere ! quelle idée dois-je
aussi concevoir de moi - même, si je ne
l'aime point ! l'indifférence peut - elle encore être mon partage après que je vois un
Dieu oublier en quelque façon ce qu'il est
par nature pour m'élever jusqu'à lui, pour
me permettre de l'appeller du doux nom
de frere , pour me faire participer aux
droits qu'il a sur l'héritage de son Pere!

Non , Seigneur , je ne porterai point
l'ingratitude jusqu'à cet excès ; je vous
aimerai de toute l'affection dont je suis
capable ; que ne m'est-il donné de vous
aimer d'un amour qui réponde à celui
que vous avez pour moi ! Mais , vœu inu-
tile ! comme Homme-Dieu , vous aimez
infiniment , & toujours mon amour pour
vous aura des bornes : puissé-je au moins
les étendre de plus en plus ces bornes, &
vous donner en toute occasion des preuves
d'un amour réciproque.

Cette occasion , hélas ! je la trouve à

chaque moment ; tous les hommes font
mes freres : qu'à votre exemple je les ché-
riffe ; que je faffe pour eux ce que vous
faites pour moi ; que je m'attendriffe fur
leurs peines, que je les reffente vivement,
que je les partage , & par-là je vous prou-
verai mon amour , j'arriverai à changer
les difpofitions de mon cœur à leur égard.

Non , plus d'accès d'humeur , plus de
faillies de vivacité , plus de mouvemens
de colere , plus de vengeance , plus de
reffentiment , plus de hauteur , plus de
mépris ; s'ils font mes freres, ils font auffi
les vôtres , & à ce titre, bien refpectables
aux yeux de la foi : ah ! que ce rapport
d'intimité , que vous avez établis entre
vous & eux, entr'eux & moi , ne s'efface
jamais de mon cœur.

Jesus-Christ, Epoux de nos Ames.

Qui habet sponsam, sponsus est. Joan. 3.

Celui qui a l'Epouse, est l'Epoux.

1°. A PEINE Notre Seigneur commen-
çoit à paroître, que Jean Baptiste l'appella
l'Epoux ; pourquoi ? parce que les paroles du Prophete ne devoient plus tarder
à se vérifier en faveur de l'Eglise, dont
il étoit écrit, *je vous épouserai pour toujours :* (Os. 2.) paroles qui ont eu leur
effet, & que l'Apocalypse confirme de maniere à ne laisser aucun doute sur celle qui
en étoit l'objet ; *venez,* dit l'Ange à Jean,
& je vous montrerai l'Epouse de l'Agneau.
(Ap. 21.) Outre cette Epouse que Jesus-
Christ s'est choisie *pour toujours,* on peut
dire que l'ame de chacun des Justes tient
encore dans son cœur le même rang. Sa-
lomon célebre cette union de Dieu avec
l'ame, quand il fait dire à l'Epouse des
Cantiques, *mon bien-aimé est à moi,* &

moi je suis à lui. (Cant. 2.) Il n'y a rien que de spirituel dans cette union; la charité la prépare, la charité la fortifie, la confirme, la perfectionne ; c'est elle qui fait de l'Ame de J. C. & de l'ame juste une même ame, de maniere que l'intime liaison qui regnoit entre Jonathas & David, n'est rien en comparaison ; (1. *Reg.* 16.) & cependant il est dit de celui-là qu'il a aimé celui-ci *comme lui-même.*

O honorable ! ô pure ! ô ineffable union ! que celle de l'ame juste avec Jesus-Christ: elle la met en état de dire avec l'Apôtre, *ce n'est plus moi qui vis, c'est Jesus-Christ qui vit en moi.* (Gal. 2.) Comme cette ame juste, puissé-je tenir ce langage ? N'est-ce pas le monde plutôt que Jesus - Christ qui pense, qui parle, qui agit en moi ?... Si ce désordre regnoit malheureusement dans ma conduite, je ne serois point animé de cet esprit de charité surnaturelle qui donne à nos actions leur mérite & leur prix.

2°. Cette précieuse union, qui, pour ainsi dire, fond l'ame du Juste dans l'ame de J. C. acquiert une force nouvelle dans

l'Euchariſtie. Celui en effet, qui communie, demeure en Jeſus-Chriſt & Jeſus-
Chriſt demeure en lui ; il reçoit une augmentation d'amour Divin, d'après laquelle il s'écrie, *j'ai trouvé celui que*
j'aime, je le poſſede ; enfin, *je le re-*
tiendrai avec moi, (Cant. 2.) parce que
perſonne ne mérite plus que lui d'être
recherché, aimé, chéri tendrement. Tels
ſont les beaux ſentimens qui naiſſent
comme naturellement de cette précieuſe
union.

Mais à quels ſignes pourra-t-on reconnoître qu'on y ſoit arrivé ?

1°. Si on ſent en ſoi un ſaint empreſſement, un vif deſir de l'Euchariſtie, qui
aille quelquefois juſqu'à faire éprouver
en quelque ſorte les rigueurs de la faim &
les ardeurs de la ſoif : *O ! vous le bien-ai-*
mé de mon ame, venez en moi, (*Cant.* 7.)
venez remplir mes vœux ; c'eſt après
vous que j'aſpire, & je n'aſpire qu'après
vous.

2°. Si on s'occupe volontiers des perfections & des amabilités de JESUS ; ſi les
images, qu'on s'en eſt formées, ſe retra-

tent & s'impriment aisément dans notre esprit : *je dors, mais mon cœur* ne s'abandonne pas pour cela à une oisiveté languissante, (*ibid.*) *il veille,* toujours plein de son Divin objet.

3°. Si on rend de fréquentes visites à Jesus-Christ dans les Temples où il habite; si on se joint aux célestes Esprits qui l'y adorent, si on l'y entretient avec respect & confiance de ses besoins spirituels, de ses peines, de ses tentations, &c. *mon ame a tressailli de joie aussi-tôt que sa voix s'est fait entendre.* (*ibid.*)

4°. Si on éprouve une certaine satisfaction à la nouvelle de Jesus-Christ reconnu & adoré dans l'Eucharistie ; si par son zele & ses conseils on étend dans les ames cet empire d'amour qu'il desire y exercer ; si on encourage par son exemple & ses progrès dans la vertu , ceux qui n'ont consulté jusqu'alors que l'erreur même ou une timidité mal conçue: *ô Dieu d'Israël,* (Tob. 3.) Dieu vraiment caché à nos yeux, *que votre nom soit béni dans tous les siecles.*

5°. Si l'on est vivement touché de tant

d'injures, de tant d'outrages, de tant d'in-
fultes que reçoit tous les jours Notre Seigneur Jefus - Chrift dans l'Euchariftie ,
particuliérement fon Cœur adorable , par
les irrévérences , les dérifions impies, les
facrileges profanations , &c. Dévoré de
zele pour vos intérêts, Seigneur, *j'ai été
auffi fenfible aux injures qu'on vous a
faites, que fi on me les eut faites à moi-
même.* (Pf. 68.)

Entretien.

Eh bien , mon ame , font-ce là vos
defirs , vos fentimens , vos affections ?...
Ceffez de vous faire illufion & de vous
endormir fur vos véritables intérêts, un
retour fur vous-même. Hélas! quelle lenteur en vous , quelle négligence , quelle
infenfibilité même pour tout ce qui vient
de JESUS ou qui eft relatif à JESUS ! qu'il
occupe bien rarement une place dans votre
fouvenir ! Il vous a deftinée à compofer le
nombre de fes Epoufes, honneur fublime,
auquel jamais l'intelligence humaine
n'eût penfé ; & cet augufte privilege pa-

roît vous flatter peu & vous affecter moins encore!...

Pourquoi donc vous attachez-vous aux choses de ce monde, qui de leur nature, tendent à vous séparer de lui? pourquoi manquez-vous si souvent à la fidélité que vous lui avez vouée? pourquoi craignez-vous si peu de l'offenser par vos discours & vos actions? pourquoi vous approchez-vous de lui si rarement? pourquoi, lorsque vous en approchez, ne renoncez-vous pas à tant de Divinités étrangeres, avec lesquelles il ne sympathise pas, dont il ne peut même souffrir le parallele, qu'il déteste souverainement?

Ces Divinités auxquelles vous paroissez donner la préférence sur JESUS par le commerce que vous entretenez avec elles, ce sont ces projets peu chrétiens, que vous concevez; ces desirs terrestres que vous formez; ces affections trop humaines, que vous conservez, &c. &c.

Ah! il en est temps; sortez enfin du sommeil profond, où vous vous êtes volontairement plongée; retournez à votre Divin Epoux; rétablissez-le dans les droits

que son amour lui a donnés sur vous ;
faites avec lui un pacte nouveau que vous
ne rompiez jamais ; n'ayez rien tant à
cœur que de lui plaire ; mettez en lui
seul votre espoir, vos complaisances, vos
délices.

Jesus-Christ, notre Maître.

Dum recumberet cum eis... aperti sunt oculi eorum. Luc. 24.

JESUS étant à table avec les deux Disciples, leurs yeux s'ouvrirent.

1°. CE qui arriva aux deux Disciples qui alloient à Emmaus, arrive encore tous les jours en faveur de ceux qui vont à Jesus-Christ par la Communion : c'est-là particuliérement que ce Divin Maître continue d'instruire les ames, comme il instruisit les hommes pendant sa vie mortelle par ses maximes & ses exemples. D'abord il y accorde dans un suprême degré le don d'intelligence pour les choses célestes. Quelle science des Divins Mysteres n'acquit pas *ce Disciple que* JESUS *aimoit*, (Joan. 21.) du moment où *il se pencha* dans la Cene derniere *sur son sein*?

Le principe que nous avançons, n'a rien d'étonnant. Jesus - Christ, quoique caché dans l'Eucharistie, y est cette vraie

Lumiere qui éclaire tout homme, qui dis-
sipe les plus épaisses ténebres, qui rend
l'ame capable de la plus sublime contemplation.

Delà il arrive que ceux d'entre les Justes qui communient fréquemment, sont
plus éclairés dans les voies de Dieu, &
tiennent moins à tout ce que la terre offre
de brillant dans ses honneurs, de com-
mode dans ses richesses, de flatteur dans
ses plaisirs : aussi sont-ils en état, plus
que le commun des Chrétiens, de dire
avec vérité ; monde, vous ne surpren-
drez ni mon estime ni mon affection,
*eu égard à l'excellente connoissance de Je-
sus-Christ mon Seigneur, pour qui j'ai
renoncé à tout.* (Philip. 3.)

2°. Non-seulement Jesus-Christ éclaire
notre entendement dans la Communion,
il nous reproche encore les défauts & les
imperfections, sur lesquels nous ne nous
aveuglons que trop souvent. En répan-
dant cette lumiere sur les Justes, il leur
donne une connoissance d'eux - mêmes
qu'ils n'avoient pas. Comme le Soleil, lorsqu'il darde ses rayons dans une chambre,

contribue à rendre senfible à la vue une poussiere qu'on n'y appercevoit pas auparavant ; ainsi en est-il de la Communion ; les Justes, à la faveur du Soleil de Justice, y distinguent en eux des taches qui blessent ses regards, & qu'ils ne connoissoient pas.

Découverte, qui les humilie sans les défoler, qui brise leur cœur d'un regret amer sans croire que pour cela tout soit perdu pour eux. Eh ! comment pourroient-ils en venir à ce dépit, qui seroit un dépit d'amour-propre & d'un véritable orgueil, tandis que Jesus-Christ se contente de l'attention qu'ils ont alors à avouer leur foiblesse, à s'en humilier, à s'en accuser, à se tenir en garde contre la rechûte volontaire, à craindre pour toutes leurs actions à l'exemple du saint homme Job ; attention qui devient pour eux la source de deux grands biens ; 1°. beaucoup de lumiere pour l'examen de la conscience ; 2°. beaucoup de sévérité dans ce même examen. Faut-il s'étonner après cela, qu'ils voient des vices où les autres croient ne voir que des vertus ?

3°. A ces reproches tacites que Jesus-Christ fait aux Justes, se joignent des instructions sur les vraies vertus, sur le moyen de les pratiquer sans illusion & sans péril. En effet son exemple parle ; & que dit-il ? qu'il ne faut point appeller vertus, celles qui s'annoncent par l'éclat, fixent l'estime, attirent l'admiration ; *car ce qu'il y a de relevé aux yeux des hommes, est une abomination devant Dieu* ; (Luc. 16.) mais celles-là uniquement qui temperent les mouvemens & les affections de l'ame jusqu'à la rendre douce, affable, complaisante, charitable, patiente envers le prochain ; humble, méprisable, sévere pour elle-même ; résignée, soumise, docile entre les mains de Dieu : car voilà les vertus particulieres, dont Jesus-Christ donne l'exemple dans l'Eucharistie ; vertus qui se trouvent comprises dans ce peu de paroles qu'on peut regarder comme la devise de Notre Seigneur sur nos Autels, *apprenez de moi que je suis doux & humble de cœur.* (Matt. 11.)

Par-là en effet, ne semble-t-il pas nous instruire, non-seulement du genre de vertus

tus qu'il aime en nous, mais encore de la maniere de les pratiquer ? Oui, il nous déclare par cette sentence que c'est à Dieu seul que nous devons chercher à plaire quand nous faisons le bien ; que nos vertus ne sont en sûreté, qu'autant que nous en dérobons la vue aux yeux des hommes, à moins que la gloire de Dieu ou l'avantage du prochain ne demande le contraire. Voilà ce que publie hautement la vie cachée de Jesus-Christ dans l'Eucharistie, lors même qu'il y garde un profond silence.

Entretien.

J'avoue, Divin JESUS, mon ignorance & mon incapacité dans les choses du Ciel ; je ne connois ni la multitude ni la qualité de mes fautes ; jusqu'ici je me suis fait illusion sur la nature des vertus, j'ai pris en ce genre l'apparent pour le réel, le frivole pour le solide, le faux pour le vrai. Heureux donc , oui mille fois *heureux celui que vous instruisez vous-même*; vous l'éclairez en dissipant ses ténebres ; vous redreffez fes voyes , en lui donnant les moyens de fe connoître ; vous le dirigez dans la vérité , en écartant loin de lui les nuages du menfonge.

Ah ! parlez auffi à mon ame ; préparez-la à vous écouter, & que par fa docilité elle mérite de comprendre les Myfteres du Royaume Célefte ; qu'elle arrive par votre grace à la patience , à la douceur , à l'humilité ; aux véritables vertus qui la rendent agréable à vos yeux.

Faut-il , hélas ! que je fois réduit à defirer & à demander ce en quoi je devrois m'être exercé depuis long-temps ? pour-quoi me vois-je toujours le même après tant de Communions que j'ai faites , toujours pêtri d'amour-propre , toujours négligent à votre fervice , &c. &c.... Ce ne peut être là que mon ouvrage ; je n'ai point prêté l'oreille à vos leçons, ô mon Dieu, ô mon adorable Maître. Delà mon peu de progrès dans la victoire, la con-noiffance même de mes paffions, dans l'acquifition des vertus , qui me font pro-pres , dans votre amour. Pénétré de regret, je viens m'accuſer aujourd'hui en votre préſence : vous qui voyez ce qui ſe paſſe dans le cœur des hommes, puiſſiez-vous lire dans le mien une entiere diſpoſition à la docilité que vous aimez & récompenſez toujours dans vos ſerviteurs.

Jesus-Christ, notre Hôte.

Hodie in domo tuâ oportet me manere. Luc. 19.

Il faut que vous me receviez aujourd'hui chez vous.

1°. POINT de différence entre Jesus-Christ au milieu des Anges & des Saints dans le Ciel, & Jesus-Christ au milieu des hommes dans l'Euchariſtie. Or quel motif peut l'engager à habiter ainſi parmi nous? c'eſt qu'il a choiſi nos cœurs comme un Sanctuaire, où il deſire demeurer.

Elizabeth n'a pu s'empêcher de marquer ſon étonnement à la vue de la Mere de ſon Dieu, qui venoit lui rendre viſite: combien ne devez-vous point enchérir ſur elle, quand vous appréciez le grand honneur que veut bien vous faire votre Seigneur & votre Dieu, d'entrer en vous & d'y habiter réellement ; quand vous réfléchiſſez ſur l'eſpece de demande qu'il vous adreſſe à cet égard, ſur la ſatisfac-

tion qu'il éprouve lorfque vous le recevez ?...

O JESUS ! *qu'eſt-ce donc que l'homme pour
que vous daigniez vous ſouvenir de lui... &
le viſiter ?* (Pſ. 8.) c'eſt ſans doute *pour
ſuivre les mouvemens de votre Cœur généreux que vous traitez votre ſerviteur avec
tant de magnificence ?* (1. Par. 17.) Oui,
c'eſt parce que ſon Cœur brûle d'amour
pour nous, qu'il nous éleve à une gloire ſi
ſublime. Pour répondre à un amour ſi dé-
ſintéreſſé que ferons-nous ? que voulons-
nous faire ?...

2°. Si l'Egliſe dans ſon Cantique d'action de graces ne peut contenir ſa ſurpriſe à la vue du VERBE incarné dans le
ſein de Marie ; quelle doit être la vôtre
quand vous voyez que Jeſus - Chriſt n'a
point horreur de repoſer ſur une langue,
ſouillée de tant de paroles de médiſance,
de railleries, de colere, d'indécence peut-
être, &c. & d'habiter dans un cœur où
le feu des paſſions s'eſt allumé plus d'une
fois ; & de quelles paſſions encore ?.. David ne ſe crut pas digne de poſſéder dans
ſon Palais l'Arche d'alliance ; *comment,*

dit-il, *comment puis-je, sans témérité, aspirer à cette gloire.* (1. Par. 13.) Saint Pierre voit-il Jesus-Christ opérer dans sa barque un miracle insigne ? saisi d'une sainte frayeur, il s'écrie avec étonnement, *retirez-vous de moi, Seigneur, parce que je ne suis qu'un pécheur.* (Luc. 5.)

Ah ! cet homme tout couvert des plaies du péché, c'est vous : comment donc osez-vous l'introduire au-dedans de vous-même ? rien ne vous autorise à former ce projet... Rassurez-vous cependant, c'est Jesus-Christ lui-même qui vous ordonne d'entrer dans ce sentiment de confiance, *ne craignez pas,* (ibid.) vous dit-il, comme il le dit alors à Pierre : c'est encore lui qui se charge de se préparer en vous une demeure par la pénitence, ainsi qu'il se l'est préparée dans Marie par son Immaculée Conception.

3°. Si un Roi envoyoit dire à un pauvre Villageois qu'il doit se rendre chez lui, y passer quelques heures, y séjourner même ; à cette nouvelle quelle seroit la joie de cet homme ! que de soins ne se donneroit-il pas pour ne rien laisser dans fa chaumiere qui choque les yeux du Prince ! quelle étude ne fe feroit-il pas des moyens qu'il a à employer pour le bien recevoir ! Déja il fonge à ce qu'il doit lui demander ; déja il lui prépare à fa façon un compliment : apprend-il qu'il approche ? il va au-devant de lui, il précipite fes pas : l'honneur dont il n'avoit eu jufqu'ici que l'idée, fe réalife-t-il ? il éprouve une refpectueufe crainte, qu'imprime la majefté du Roi ; il lit jufques dans fes geftes des defirs, des volontés, des ordres qu'il exécute : le Roi l'a-t-il quitté ? il confervera toute fa vie le fouvenir de fa bienveillance ; il croira toujours avoir fous fes yeux fon augufte Perfonne ; cette époque fera pour lui une fource de converfations, qui ne tarira jamais ; il la tranfmettra à fes defcendans fans en omettre la plus légere circonftance.

Beau modele ! puiffiez-vous le copier quand vous vous préparerez à recevoir la vifite de Jefus-Chrift par la Communion ! Allez à fes Miniftres pour qu'ils vous préparent eux-mêmes à cette grande action, en purifiant votre confcience ; priez les

bons Anges de faire paſſer en vous leurs
ſentimens de reſpect, d'adoration, d'a-
mour, d'humilité, d'admiration, &c.
conjurez le Saint Eſprit de conſumer tout
cé qu'il pourroit y avoir dans votre cœur
de défectueux & d'imparfait; & au moment que vous y poſſéderez ce Dieu devenu votre Hôte, dites - lui, entr'autres
choſes, *je ne vous laiſſerai point aller que
vous ne m'ayez donné votre bénédiction.*
(Gen. 32.)

Entretien.

C'eſt par vos ordres, Seigneur, que je
me diſpoſe à vous préparer une demeure:
depuis des ſiecles *tout eſt prêt* de votre
part; mais en eſt-il ainſi de moi? j'ai péché, j'ai péché ſouvent, peut-être avec
réflexion, de deſſein prémédité, par pure
malice. Eſt-ce ainſi que je devois répondre
à vos avances? Ah! je le dis enfin; je vais
avec votre grace arracher du fond de mon
cœur ce qui vous y déplaît & y ſubſtituer
les vertus que vous me demandez depuis
tant d'années.

Réſolution qui ſuppoſe un travail pénible, je le ſens bien, mais vous m'aide-

rez à la tenir. Animé de cette ferme confiance, j'ose vous prier, quelqu'indigne
que j'en sois, d'entrer dans mon ame, &
si elle a trouvé grace à vos yeux, ne la re-
jettez pas, (Gen. 18.) ne vous éloignez
pas d'elle, ne l'abandonnez pas.

Que n'ai-je apporté à chaque visite,
dont vous m'avez déja honoré, les préparations que vous aviez droit d'attendre!
j'aurois reçu de votre main libérale toute
sorte de richesses spirituelles ; comme
Zacharie & Elisabeth, comme les Epoux
de Cana, comme Zachée & Marie-Mag-
deleine, j'aurois ressenti les effets de votre présence ; bienfaits, graces, faveurs,
tous les vrais biens me seroient venus sans
mesure, avec abondance, jusqu'aux délices mêmes.

Mais, hélas! un vuide affreux, une extrême indigence ; voilà mon partage & ma
juste punition. Aujourd'hui que j'en vois la
cause, ne permettez pas qu'elle subsiste
plus long-temps, que jamais je n'arrête le
cours de bienveillance que vous ouvrez à
mon ame lorsque vous daignez y habiter
avec vos inestimables trésors.

I v

Jesus-Christ , notre Viatique.

Dimittere eos jejunos nolo , ne dificiant in viâ.
Matt. 15.

Je ne veux pas les renvoyer qu'ils n'aient man-
gé , de peur que les forces ne leur manquent en
chemin.

1°.LES jours que nous coulons sur la
terre , sont pour nous un vrai pelerina-
ge ; nous n'avons de patrie que le Ciel :
mais , que la route , qui y conduit , est
étroite , difficile , épineuse ! qu'il est à
craindre que les forces ne nous manquent
pour l'achever heureusement ! Courage cependant ; ce que nous ne pouvons point
seuls & de nous-mêmes , nous le pouvons avec Dieu. N'est-ce pas ce que Jesus-
Christ a voulu nous dire , quand dans un
désert aride il multiplia quelques pains &
quelques poissons en faveur de ceux qui
l'avoient suivi , afin qu'ils ne tombassent
pas en défaillance en retournant · chez
eux ?.. Ainsi a-t-il pourvu à leurs besoins

corporels; ainsi a-t-il réparé & soutenu leurs forces.

Il en agit avec nous d'une maniere bien plus miraculeuse encore & plus conforme à l'esprit de vérité, dont nous avons le bonheur de suivre les loix : il nous a laissé dans l'Eucharistie une nourriture beaucoup plus solide, plus délicieuse, une nourriture toute divine, lui-même.

Et afin que tous puissent s'en nourrir, s'en rassasier même, il a multiplié à l'infini son Corps, son Sang, enfin son Humanité; par-là chacun de ceux qui non-seulement le connoissent, l'écoutent, le suivent, mais qui ont faim de lui (si on ose s'exprimer de la sorte), possédent ce qu'ils desirent & le possédent tout entier.

2°. On ne donne pas cette nourriture pour entretenir le corps dans l'embonpoint ou une vigueur naturelle, mais pour sustenter & fortifier l'ame. Si on nous la présente dans la maladie & l'infirmité, ce n'est point à raison de ce corps de boue, dans lequel nous habitons, mais par attention & par zele pour notre ame, à qui cette nourriture devient plus que jamais utile & nécessaire.

Aussi l'Eglise, qui est la seul interprete des volontés du Seigneur, en fait-elle un précepte dans cette circonstance ; elle fait qu'alors nos ames se trouvent comme affaissées sous le poids d'un corps *qui se corrompt*, (Sap. 9.) voilà ce qui l'engage à nous administrer le Corps de Jesus-Christ pour nous soulager quant à la partie la plus noble de nous-mêmes, pour nous maintenir dans la vigueur de l'esprit ; pour nous élever aux choses du Ciel, pour ranimer notre foi, notre espérance, notre charité ; pour nous donner un avant-goût des délices que goûtent les Saints, & appaiser par-là ou du moins calmer les frayeurs de la mort.

O merveilleux effets ! ô vertu toute puissante de la Chair de J. C. que n'opere-t-elle pas en notre faveur, lorsque les dangers se multipliant de toute part, semblent nous avertir que nous touchons à la fin de notre carriere ! Avec quelle force ne s'éleve-t-elle pas contre les prétentions de l'ennemi du salut qui déploye dans ce critique moment toutes les rufes de fa malice ancienne?... En même-temps qu'elle nous réunit à celui qui a triomphé des puiffances de l'Enfer, elle nous met en main les armes de la victoire & le gage de la fécurité. Ainfi l'Ange exterminateur épargna-t-il les Hébreux, qui avoient arrofé leurs maifons du fang de l'Agneau Pafcal. (*Exod.* 12.)

3°. *Levez-vous & mangez... car il vous refte une grande route à faire*, (3.Reg.19.) dit l'Ange à Elie en lui montrant le pain cuit fous la cendre, qu'il lui avoit préparé. Paroles que nous adreffe Jefus-Chrift, lorfque nous le recevons à la Communion, pour nous rappeller à trois principes de foi; 1°. que n'ayant point ici bas de Cité permanente, il ne faut pas s'attacher aux chofes créées; 2°. qu'étant nés pour le Ciel, nous devons faifir tous les moyens qui y conduifent; 3°. qu'incertains du nombre de nos années fur la terre, il ne nous eft pas permis de vivre dans l'indolence, l'inaction, la fécurité; que peut-être le marteau qui doit frapper notre derniere heure, eft déja levé; qu'il faut veiller pour se garantir contre la surprise.

Comme Elie, *nourri de ce pain, acquit de nouvelles forces & marcha jusqu'à la montagne d'Horeb* ; (ibid. 8.) il en sera de même de nous, si nous secondons l'intention de Jesus Christ ; il ne nourrit nos ames de sa Chair adorable & de son Sang précieux que pour nous encourager dans nos foiblesses, & nous dire, marchez, marchez sans vous lasser jamais ; allez de vertus en vertus ; aspirez à la perfection de votre état ; à chaque pas que vous ferez pour moi, j'augmenterai votre grace ; vous éprouverez combien je suis un Dieu riche & libéral à mesure que vous multiplierez vos efforts, vos combats, vos victoires, vos sacrifices.

Entretien.

Ce n'est point un Ange, mais Jesus-Christ lui-même qui m'a préparé la nourriture, dont j'ai besoin dans cette terre de pélerinage & d'exil. Quel motif de consolation que cette vérité !...

Il ne m'est donc plus permis d'objecter ma foiblesse sous le prétexte imposant d'une perverſité naturelle ? je peux donc tout dans l'ordre du bien & de la vertu, quand je me nourris de Jeſus-Chriſt? il a donné aux Martyrs le courage de mourir pour ſon nom ; me refuſeroit-il celui de vivre également pour lui en mourant à moi - même ? non , non ; ſon bras n'eſt point raccourci ; il m'ordonne de diriger mes pas vers la céleſte Montagne, je lui obéirai ; aucun obſtacle ne m'effrayera, parce que toujours à mes côtés & au-dedans de moi-même, il m'aidera à le lever.

Je ne me trompe pas, Seigneur, quand j'attends de vous ce ſecours puiſſant; accordez-le à ma ferme confiance en vous : puiſſe-t-elle cette confiance s'accroître de jour en jour, afin qu'après en avoir fait un long exercice dans toutes mes Communions, j'aie la conſolation de vous goûter , *de reſpirer un peu & de me voir bien avec vous* (Pſ. 38.) au moment de ma mort.

Jesus Christ, notre Conseil.

Ego sapientia, habito in concilio. Prov. 8.

Je suis la sagesse, & j'habite dans le conseil.

1°. *Toutes nos voies sont incertaines;* (Sap. 9.) notre vie se passe dans un flux & reflux de pensées & de projets, qui, se détruisant souvent entr'eux, nous jettent dans l'irrésolution & la perplexité. Nous avons donc besoin d'un conseil, auquel nous ayons recours en toute circonstance, soit pour nous-mêmes, soit pour les autres. Eh ! quel autre pouvons-nous consulter avec plus d'assurance que l'*Ange du grand Conseil, le Conseiller* par excellence, ainsi que l'appelle l'Ecriture, & qui dit de lui-même, tout bon *Conseil vient de moi, il n'y a point de prudence sans moi.* (Prov. 8.) Or, celui qui parle de la sorte, c'est J. C. qui remplit avec d'autant plus de justice la mesure d'un si beau nom, qu'étant Dieu, il ne peut se tromper dans ses décisions.

Il y avoit parmi les Hébreux *le Taber-nacle de l'Alliance*, (Exod. 2 5.) où Moyſe & après lui les autres Chefs de la Nation conſultóient le Seigneur ſur tout ce qui concernoit le peuple : inſenſiblement on voyoit paroître une nue qui deſcendoit ſur ce Tabernacle ſous la forme d'une colonne, d'où partoient de Divins Ora-cles. Voilà la figure de la préſence réelle de Jeſus-Chriſt dans l'Euchariſtie, où il eſt pour nous un Conſeil & un Dieu que chacun de nous, ſavans & igno-rans, peuvent interroger à toutes les heures du jour & de la nuit.

2°. Joſué eut la douleur de ſe voir honteuſement trompé par les Gabaonites, (*Joſ.* 9.) parce qu'à la veille de faire un traité de paix avec eux, il ne s'étoit point rendu au Tabernacle pour y apprendre les volontés du Seigneur. Combien de fois ce malheur ne nous eſt-il pas arrivé, lors même que nous paroiſſions agir par de bons motifs ? pourquoi ? parce que nous n'avons point conſulté Jeſus-Chriſt dans l'Euchariſtie : le monde, la chair, les paſſions, le caprice, la volonté propre,

nous ont tenu lieu de regle, d'oracles &
de guides.

Delà si peu d'œuvres faites selon la
volonté de Dieu, par le motif de plaire à
Dieu, dans l'amour de Dieu : delà nos
illusions, nos égaremens, nos chûtes :
delà ce mauvais succès dans des entrepri-
ses, chrétiennes d'ailleurs, mais repréhen-
sibles, quelquefois vicieuses en ce que nous
nous appuyons sur notre prudence, contre
la défense de l'Esprit-Saint.

Proposons nous aujourd'hui de ne former plus de projets, de ne plus compter
sur nos lumieres, de ne plus rien arrêter
par nous-mêmes, mais de nous décider
toujours sous les yeux de Jesus-Christ &
de suivre de point en point le plan de vie
qu'il daignera nous tracer par ses inspira-
tions.

3°. Jesus-Christ ne répond pas indis-
tinctement à ceux qui l'interrogent, mais
à ceux-là uniquement, en qui il apperçoit un esprit libre & un cœur docile. Or,
pour en venir à ces dispositions, il faut,
1°. renoncer à ses préjugés ; 2°. desirer
que Jesus-Christ ne nous conseille rien

qui ne lui plaife en nous ; 3°. fe propofer de faire tout ce qu'il fuggérera , quelque difficile, quelque contraire que la chofe paroiffe à la volonté, aux fens , à la nature.

Nous lifons que Saül confulta le Seigneur fans fuccès ; pourquoi ? (1.*Reg.* 28.) parce qu'il ne ceffoit de tendre des embûches à David , que le Seigneur s'étoit choifi pour gouverner à fa place la maifon d'Ifraël : l'envie mettoit donc un obftacle invincible aux intimes communications de Saül avec Dieu. (3.*Reg.* 22.) Achab , à la perfuafion de Jofaphat, Roi de Juda , alla auffi confulter le Seigneur ; mais parce que ce Prince ne vouloit apprendre du Prophete que des nouvelles qui fuffent conformes à fes defirs ambitieux , il arrêta par cette mauvaife difpofition les faveurs que Dieu pouvoit lui accorder encore, & périt miférablement. Le Seigneur portoit Auguftin à la vertu ; (*Conf. l.* 8, *c.* 5.) & toujours Auguftin réfiftoit au Seigneur ; il chériffoit des habitudes vicieufes , il y tenoit, & toute fa crainte étoit que le moment de s'y arracher n'arrivât ; il arriva enfin ce moment,

mais quand ſes diſpoſitions furent chan-
gées, c'eſt-à-dire, quand il eut renoncé
à ſes erreurs & à ſes paſſions.

Que ces exemples nous rappellent à
nous-mêmes ; ne ſerions-nous pas plus
avancés dans la pratique des vertus Chrétiennes, ſi nous euſſions apporté à la voix
intérieure de Jeſus-Chriſt & plus de docilité d'eſprit & plus de pureté de cœur, &
plus de généroſité d'ame ?...

Entretien.

*Je ne ſuis qu'un enfant, Seigneur, qui
ignore d'où il vient & où il va ;* (3.Reg.3.)
enſeignez-moi vous-même ce que vous
voulez que je ſache ; ce n'eſt rien moins
qu'aux pieds de votre Trône, où s'aſſeoit
la vraie ſageſſe, que j'oſe porter mes vœux ;
ah ! qu'elle ne m'abandonne jamais,
qu'elle donne la naiſſance à mes idées,
qu'elle développe mes penſées, qu'elle
épure mes deſirs, qu'elle conduiſe mes
projets à leur exécution, qu'elle me faſſe
connoître tout ce qui a rapport à votre
gloire & à mon ſalut !

La grace que je vous demande ici, ô

Divin JESUS , en suppose & en entraîne un grand nombre d'autres , ses effets sont multipliés, & ses influences presque infinies : elle est cependant une grace qui devient comme nécessaire au dessein que vous m'inspirez de vivre pour vous ; me la refuseriez-vous ?... vous que mon cœur invoque & interroge comme son unique Conseil ?... Je vous la demande avec toute l'ardeur dont je suis capable ; rien à quoi je ne me détermine pour l'obtenir ; volonté, jugement propre , liberté , sentiment, affection, voilà les objets des sacrifices auxquels je consens ; il m'en coûtera pour ne pas les rétracter, mais qu'y a-t-il au monde , qui doive m'intimider ? rien ; une fois que *vous aurez accordé à votre Serviteur ce cœur docile* , (ibid.) qui fait le sujet de sa priere , *il pourra* sous vos auspices & par vos conseils, *mettre la difference* qui se trouve *entre le bien & le mal* , pratiquer l'un , éviter l'autre , enfin ne s'écarter jamais du sentier qui conduit au bonheur.

Jesus-Christ, notre Ami.

Vos... dixi amicos. Joan. 15.

Je vous ai donné le nom d'amis.

1°. PERSONNE ne peut douter de l'amour de Jesus-Christ pour nous. En effet c'est pour notre salut qu'il est descendu du Ciel, qu'il a pris un corps & une ame semblables aux nôtres, qu'il a vécu & conversé avec les hommes, qu'il a fait le sacrifice de sa vie sur la Croix. Sa résurrection & son ascension ont un égal rapport avec nos intérêts ; d'une part il nous a mérité une grace de justification, de l'autre il nous a devancés pour nous préparer une demeure dans son propre héritage, à toutes ces preuves d'amour, qu'il nous prodigue, il en joint une qui n'a rien d'équivoque & qui les renferme toutes ; la voici : son intention est que nous lui soyons égaux ; que tout ce qu'il a nous appartienne, comme à des freres qu'il adopte, & en qui il reconnoît la même chair, le même fang, les mêmes droits fur fes biens: rien fans doute de plus avantageux pour nous que ce partage, que cette communauté de mérites, dans laquelle Jefus-Chrift nous fait entrer !

Cependant il n'en demeure pas-là ; il va jufqu'où l'intelligence humaine n'eût jamais ofé porter fes vues & moins encore fes defirs.... Il établit le Myftere de fon amour par excellence, l'Euchariftie. Par cette admirable invention, qui ne pouvoit avoir qu'un Dieu pour auteur, il defcend encore du Ciel pour nous ; il naît, pour ainfi dire, encore ; il meure encore ; il reffufcite encore ; il ouvre encore à nos yeux tous fes tréfors ; il fe donne à nous, lui & tout ce qu'il eft en qualité d'Homme-Dieu ; de maniere que devenu notre nourriture, il ne fait qu'un même corps avec le nôtre.

O Myftere d'amour ! ô amour au-deffus de tout amour humain ! non, il n'étoit pas poffible qu'il étendît plus loin fes bornes, tout divin qu'il eft. L'Augufte MARIE, abymée dans fon néant à la vue du Verbe incarné, s'écrioit : *celui à qui rien ne réfifte, a fait en ma faveur de grandes chofes.* (Luc. 1.) Telle doit être notre admiration, notre furprife, notre extafe, quand nous confidérons la grandeur, l'excellence, la divinité du bienfait que renferme l'Euchariftie.

Ah ! devons-nous nous dire, faifis d'une fainte joie, celui qui m'aime, Jefus-Chrift m'a accordé la plus infigne des faveurs, rien n'approche de l'intime communication qu'il me donne avec lui, c'eft vraiment le chef-d'œuvre & de fa grace, & de fa puiffance, & de fa bonté !

2°. Par un fentiment tout naturel on conçoit de l'horreur pour l'ingratitude & l'indifférence : on rougit de ne pas aimer une perfonne de qui on a reçu des preuves certaines d'un zele officieux & d'une affection réelle. Qui trouverons-nous fur la terre qui nous ait tant & fi magnifiquement aimés que Jefus-Chrift ? Cependant comment fommes-nous affectés à fon égard : que penfons-nous, que difons-nous de lui ; que defirons-nous, que faifons-nous pour lui ? . . .

O

O honte ! ô crime ! ... nous l'offensons souvent, nous étouffons le langage de la nature & renversons ses loix quand il s'agit de JESUS, nous abusons de ses bienfaits & de ses faveurs jusqu'à les tourner contre lui-même...

Quelle monstrueuse conduite ! se formeroit-on l'idée d'une telle ingratitude, si un grand nombre d'exemples ne servoit malheureusement à la réaliser ! *Anathême, disoit l'Apôtre, à quiconque n'aime pas notre Seigneur Jesus-Christ.* (1. Cor. 6.) Pourquoi ? parce qu'il nous a aimés lorsque nous étions ses ennemis, il nous a aimés jusqu'à ne mettre point de termes à son amour. Motif puissant sur des ames bien nées ; saisissons-le pour nous engager enfin à un devoir, qu'il est si doux de remplir ; obligeons-nous à arracher de nos cœurs, avec le temps & la grace, ce qui déplaît à ce généreux Sauveur, qui, pour le bien définir, est CELUI QUI AIME ET QUI VEUT ÊTRE AIMÉ.

Entretien.

Réjouissez-vous, mon ame, d'avoir pour ami, si vous le voulez véritablement, le Roi des Rois, le Seigneur des Seigneurs: allez le trouver avec confiance ; ouvrez-vous à lui de vos secrets ; attendez de lui le secours qu'il vous a promis. Pourquoi chercher d'autres amis que lui ? lui seul vous suffit. Personne qui mérite autant que lui ; zélé, complaisant, officieux, actif, généreux, autant de titres qui constituent le véritable & bon ami, & qu'il possede au suprême degré. Ceux que vous pouvez compter parmi les hommes, sont ou imprudens & peu éclairés, ou impuissans & peu efficaces, ou inconstans & onéreux ; peut-être avez-vous déja éprouvé que vous appuyer sur l'amitié des hommes, c'est s'appuyer sur un foible roseau.

Il n'y a que l'amitié de JESUS, qui soit sincere, sage, utile & à l'abri du changement. JESUS connoît ce qui contribue à votre bien & ce qui peut vous nuire : il veut & peut tout à la fois vous diriger dans vos voies, vous éclairer dans le doute, vous consoler dans l'adversité, vous animer dans la crainte, vous défendre dans le combat, vous protéger dans le péril, vous secourir en tout.

O mon adorable Sauveur , je ne veux plus que vous pour ami : m'attacher à vous , ne voir que vous en toutes chofes , vous defirer à chaque fois que je refpirerai ; refferrer de plus en plus les liens qui m'attacheront à vous. . . . que ce foit-là mon étude , mon plaifir , ma vie.

Jesus-Christ, notre Guide.

Vocabunt nomen ejus Emmanuel, quod est interpretatum nobiscum Deus. Matt. 1.

On l'appellera Emmanuel, ce qui signifie, Dieu avec nous.

1°. PENDANT que Jesus-Christ habitoit parmi les hommes, il partageoit avec eux les peines & les miseres de la vie ; son état étoit l'état d'un voyageur sur la terre. Aujourd'hui que son Humanité est glorifiée, il a atteint le terme, où aboutissent tous les hommes par la mort.

En conséquence, non-seulement cette Humanité sainte jouit de la vision intuitive de Dieu, comme elle en jouissoit auparavant à raison de son union hypostatique ; mais elle se trouve encore inaccessible aux infirmités humaines, aux souffrances, à la mort : un trône de gloire lui est assigné dans le Ciel ; les Anges & les Saints, rien qui ne lui soit soumis.

De ce haut rang, où son Pere l'a élevé, Jesus-Christ continue-t-il de jetter un regard sur nous ? oui : l'Eucharistie nous le présente sans cesse comme à nos côtés, pour nous diriger dans notre trajet du temps à l'éternité, non moins que s'il étoit encore lui-même sur la terre.

En effet, aucun de nous qu'il ne visite, qu'il n'entretienne, qu'il ne secourre ; il fait plus ; il se donne à nos ames pour les nourrir, les animer, les fortifier, & par-là les aider à arriver au terme, à notre fin, à la béatitude. C'est peu encore, point de circonstances, où nous n'éprouvions de sa part les plus tendres soins : sommes-nous tentés par l'ennemi du salut ? il prend en main notre défense, il combat en nous & pour nous : sommes-nous tombés ? il nous releve : blessés ? il nous guérit : tristes ? il nous console : languissans ? il nous ranime, &c. Que de titres à notre respect, à notre confiance, à notre amour pour Jesus-Christ !...

2°. Quand Jesus-Christ s'offre à nous accompagner dans le cours de notre pélerinage, il aspire avec plus d'ardeur encore à devenir notre Guide. Il le devient en effet pour ceux-là particuliérement qui le reçoivent dignement dans son Sacrement d'amour; il leur trace de point en point la route qu'ils doivent tenir; il leur découvre les pieges secrets du Démon; il leur apprend l'art de sortir heureusement du labyrinthe où ils se trouvent engagés; il les avertit du danger qui les menace, leur rend comme sensible la différence des voies qu'ils rencontrent, & de celles qui conduisent à la mort, & de celles qui menent à la vie.

Eh ! n'est il pas lui-même *la voie* & la voie nécessaire, hors laquelle *personne n'arrive à son Pere* ? (Joan. 14.) comment ? par sa doctrine & ses exemples. C'est particuliérement sous ce rapport qu'il se fait connoître à nous dans l'Eucharistie, parce que dans l'Eucharistie il nous rappelle le souvenir de sa Passion, & nous inspire le généreux dessein, le noble desir de marcher enfin sur ses traces. Le possede-t-on au fond de son cœur ? embrasé du beau feu de la Divine Charité, on dit alors ce que disoit S. Pierre après la derniere Cène qu'il fit avec Jesus-Christ ; rien ne me coûtera désormais, Seigneur, quand il s'agira de votre service ; *je suis prêt d'aller avec vous & en prison & à la mort.* (Luc. 22.)

3°. Rien qui doive plus exciter notre admiration que l'extrême indulgence avec laquelle ce Divin Guide se conduit à notre égard. Il apperçoit en nous bien des défauts sans doute ; lenteur, indolence, humeur, légéreté, petitesse, inconstance, vicissitudes, foiblesses, tiédeur, je ne sais quelle indifférence pour les choses du Ciel ; rien ne le rebute, ne le lasse, ne le détermine à nous abandonner absolument : que dis-je ? jamais il ne nous abandonnera le premier, jamais il ne commencera à se retirer de nous. A-t-il livré Judas à son malheureux sort après sa trahison ? n'a-t-il pas au contraire employé tout ce que l'amitié a de plus doux dans ses termes, & la Toute-puissance de merveilleux dans ses effets pour faire rentrer cet Apôtre en lui-même ?...Son zele à instruire les Capharnaïtes s'est - il ralenti jusqu'à s'éteindre absolument, quoique plufieurs d'entr'eux lui euffent témoigné leur furprife fur les Myfteres qu'il leur annonçoit, & fe fuffent même retirés de lui?...

Ayons de la patience de Jefus-Chrift & de fa bonté une toute autre idée; s'il nous demande aujourd'hui quel eft notre attachement à fa perfonne, fi nous tenons à lui par l'efprit & le cœur pour recevoir & pratiquer fes confeils & fa doctrine; difons-lui: Seigneur, *à qui irions-nous;* vous avez les paroles de la vie ; vous enfeignez les voies de Dieu dans la vérité; nous ne connoiffons que vous qui foyez pour nous un Guide affuré, nous vous fuivrons en quelque lieu que vous nous conduifiez, & nous ne fuivrons que vous.

Entretien.

Autant il y a de gloire pour moi de vous avoir pour Guide, ô JESUS ! autant mon bonheur eft-il certain, fi je ne m'écarte point de la route que vous me tracez. Oui , je peux avec vous marcher en fécurité, quels que foient les dangers qui m'environnent ; quelque nombreux que l'on suppose les écueils qui se rencontrent sur la mer orageuse du monde : vous êtes ma boussole ; mon salut dépend de la fidélité que j'apporterai à vous consulter.

Si l'Ange ramena à la maison paternelle le jeune Tobie sain & sauf, quelle espérance ne me donnent pas les soins que vous prenez de moi, d'arriver un jour dans ma véritable Patrie, & de rentrer dans le sein du Pere Céleste !

Guide adorable, ne permettez donc pas que je me refuse jamais à vos volontés, que je me sépare de vous, que je rejette vos charitables conseils. Quel seroit mon malheur, si je me joignois à ces ames mondaines qui ne suivent que leur caprice, leur goût naturel, leur délicatesse, leurs passions ? hélas ! je tomberois dans le précipice, j'y périrois : cette idée m'effraie ; dans le trouble où elle jette mon ame, recevez-moi, parlez-moi, conduisez-moi.

Jesus-Christ, notre Trésor.

In quo sunt omnes thesauri sapientiæ & scientiæ. Col. 2.

Tous les trésors de la sagesse & de la science sont renfermé en Jesus-Christ.

1°. QUEL trésor que JESUS! *en lui réside corporellement toute la plénitude de la Divinité*, dit S. Paul; il contient & renferme donc toutes les perfections ou richesses qui constituent essentiellement la Divinité. Or, ce magnifique trésor est caché dans l'Eucharistie d'une maniere autant inaccessible à notre intelligence, qu'elle est mystérieuse en elle-même.

Trésor au reste, dont l'acquisition ne demande de nous ni frais, ni dépenses; il nous appartient de droit, puisque l'Eucharistie est instituée pour chacun de nous. Mais, hélas! que ce trésor est inconnu à un grand nombre de Chrétiens! Ceux-ci ne s'en occupent point, lors même qu'ils en approchent, parce qu'ils n'y connoiſſent Jeſus-Chriſt que confuſément, & ne font attention ni à ſes perfections, ni à ſes mérites, ni à l'union de ſon auguſte Humanité avec la Divinité. Ceux-là y penſent quelquefois, il eſt vrai, mais de maniere à ne pas en concevoir une grande eſtime & à ſe donner peu de mouvemens pour l'acquérir. D'autres enfin arrivent à le poſſéder ; mais, parce qu'ils manquent de droiture & de ſincérité, ils ne tardent pas à fouler aux pieds ce tréſor précieux, & par-là couvrent d'opprobre *le Fils de Dieu, & traitent comme choſe immonde le Sang de l'alliance*, (Heb. 10.) par lequel ils ſont ſanctifiés. Qui pourra d'entre nous expier cette ignorance affectée, cette négligence coupable, cette impiété ſacrilége !...

2°. D'après la parabole que Jeſus-Chriſt propoſe lui-même, celui qui trouve un tréſor *enterré dans un champ, va, dans la joie qu'il en a, vendre tout ce qu'il poſſede & achete ce champ*. (Matt. 13.) Quelle joie plus grande encore ne dois-je pas reſſentir lorſque je touche au moment de recevoir la sainte Euchariſtie, qui eſt le véritable tréſor de mon ame ? *Que vos tabernacles ſont aimables, Seigneur, Dieu des vertus ! quand je penſe que vous y réſidez plein de vie pour moi, mon cœur & ma chair en ſont tranſportés de joie.* (Pſ. 83.)

Quelle honte pour moi de voir les enfans du ſiecle ſoupirer avec plus d'ardeur après des biens périſſables, que je n'en ai pour l'acquiſition du vrai & ſeul bien qui puiſſe m'enrichir des richeſſes mêmes de l'éternité ! quelle ſeroit ma ſtupidité, ſi, lorſque je les vois s'épuiſer en veilles, en fatigues, en travaux & réputer pour rien cette longue ſuite d'actions pénibles, pourvu qu'ils arrivent au terme de leurs vœux, je mépriſois, moi qui ſuis inſtruit à l'école de la foi, le tréſor que me préſente l'Euchariſtie ? tréſor immenſe, tréſor, en comparaiſon duquel tout n'eſt qu'un pur néant ? Ah ! que ce mépris de ma part ſeroit injurieux à Jeſus-Chriſt !...

Sondons ici nos cœurs : demandons-nous à nous-mêmes, s'il ne nous eſt jamais arrivé de jetter le voile ſpécieux du prétexte ſur notre indifférence, ſur notre lâcheté , fur notre éloignement pour la Table fainte, à l'exemple des Convives , dont il eft parlé dans l'Evangile.

3°. Jefus-Chrift a dit, *là où eft votre cœur , là eft auffi vôtre tréfor.* (Matt. 6.) Raifonnons d'après ce principe, & nous verrons fi Jefus-Chrift eft effectivement notre tréfor. Nous occupons nous de lui, travaillons-nous pour lui , fouffrons-nous pour lui, le glorifions-nous par nos œuvres & par nos projets ? &c. autant de parties d'un examen intéreffant : qu'il porte cet examen fur les devoirs de notre état , fur nos rapports avec le prochain , fur notre fidélité aux petites chofes, fur notre attention aux mouvemens de la grace , &c. & nous faurons au vrai ce que Jefus-Chrift eft par rapport à notre cœur , s'il eft fon tréfor , ou s'il ne l'eft pas.

Jefus-Chrift étoit fans doute le tréfor du grand Apôtre ; pourquoi ? il avoit toujours fon nom dans la bouche ; il ne connoiffoit que lui , il ne parloit que de lui , il ne goûtoit que lui , il n'eftimoit que lui au monde, il n'écrivoit point que le nom de JESUS ne coulât de sa plume; JESUS étoit toute son occupation, toute son étude, toute sa vie. O! le beau cœur! il étoit digne de JESUS parce que JESUS en faisoit le trésor.

Proposons-nous cet exemple; il n'offre rien d'impossible ni même de difficile à ceux qui aiment notre Seigneur Jesus-Christ. Que ceux-là sont à plaindre au jugement de la foi, qui n'ont que la terre pour objet de leurs pensées, de leurs paroles, de leurs actions! un jour viendra où ils paroîtront les mains vuides devant Jesus-Christ leur juge, parce que Jesus-Christ n'aura pas été le trésor de leurs cœurs sur la terre.

Entretien.

Il n'est point de sacrifices que je ne fasse pour trouver & posséder Jesus Christ : vivre sans lui me paroît une mort continuelle; (Ep. ad Rom. 1. Ig. M.) ainsi s'exprimoit, ainsi pensoit un de vos plus grands Amateurs! ô Divin JESUS! Pourquoi n'ai-je pas de vous les mêmes sentimens? éclairé au flambeau de la même foi, pourquoi me livré-je à mille objets indignes de mes vœux & de mes soins au préjudice du droit que vous avez sur mon esprit, sur mon cœur & ma volonté?

O vous qui devez être un jour mon unique trésor dans le Ciel, soyez-le aussi dans le temps sur la terre. Le Démon, par les embûches qu'il me dresse, n'entreprend pas sans doute de vous posséder, il est incapable de ce bonheur ; mais ce à quoi il travaille, c'est de vous enlever à mon cœur & de vous en bannir pour toujours. Je gémis de cette envieuse rage qui l'anime ; je refuse d'entrer dans son projet sacrilege.

Vous le savez, Seigneur, c'est à vous que je veux donner mon cœur ; prenez-le, disposez-en comme d'un bien qui vous appartient ; soyez-en à jamais le possesseur. Le zele & l'attention qu'apporte l'avare à conserver son trésor, offre le tableau d'une ame sordide & toute occupée de la terre.... hélas ! quelle leçon pour moi que sa conduite ! j'en adopte volontiers l'application ; ce tréfor que je vais me procurer ; ce tréfor qui méritera toute ma vigilance ; ce tréfor, dont je ferai dépendre mon bonheur, ce fera vous, ô mon Dieu, ce ne fera que vous, ce fera toujours vous.

Jesus-Christ, notre Gloire.

Gloriamur in Christo Jesu. Philip. 3.

Nous mettons notre gloire en Jesus-Christ.

1°. L'Homme n'a de lui-même rien dont il puisse se glorifier. De sa nature il n'est qu'un pur néant ; incapable dès-lors d'agir ou de mériter par lui-même. L'indigence, l'abjection, l'assujettissement à toute espece de miseres & d'infirmités, voilà l'appanage de l'homme isolé & livré à lui-même. Mais s'attache-t-il à Jesus-Christ & sur-tout à Jesus-Christ dans l'Eucharistie ? il trouve en lui plus d'un sujet de se glorifier, puisque l'Eucharistie, quand nous la recevons, fait de nous autant de Temples, de Sanctuaires, d'Arches vivantes où Dieu habite ; le dirai-je ? l'Eucharistie fait de nous autant de Dieux.

Voici, par progression raisonnée, les causes de ce changement si glorieux pour nous. Le Verbe de Dieu, Jesus-Christ s'est fait Homme; d'Homme-Dieu il devient notre Nourriture; en cette qualité, il demeure en nous, nous unit à lui, nous appelle par là à la participation de sa nature Divine. Chrétiens favorisés, soyez saisis d'un juste étonnement à la vue de ce prodige; méditez & goûtez avec une délicieuse joie le haut rang où la Communion vous élève; osez-vous nourrir des sentimens d'une sainte noblesse, & n'allez pas, vous qui êtes plus grands que le monde par celui qui l'a créé, vous avilir jusqu'à porter les fers des passions humaines.

2°. Laissons aux ames, mondaines d'affection & de sentiment, à tirer vanité de sa naissance, des richesses, des talens, des dignités, de la réputation, des agrémens de la nature, quoi de plus frivole que ces titres d'orgueil? est-il même rien de plus dangereux dans l'ordre du salut? ils enflent communément le cœur de ceux qui les possedent, leur inspirent des sentimens opposés à l'Evangile, les éloignent insensiblement de Dieu, *dont la gloire leur est nécessaire*, (Rom. 3.) dit l'Apôtre.

Or , cette source de la véritable gloire pour nous, c'est Jesus-Christ notre Chef; c'est de lui que ses membres tirent & reçoivent cette gloire immense, qui les distingue ; c'est par lui que regnent les Rois de la terre ; le servir, c'est regner. O sublime état ! ô bonheur inexplicable pour l'ame sidelle ! Point de Communion pour elle où Jesus-Christ, le Roi de gloire, ne se l'unisse de la maniere la plus étroite & la plus ineffable ; où il ne lui tienne lieu de tout ce qu'il y a au monde de plus éclatant & de plus relevé.

3°. Jesus - Christ contracte avec nos ames cette intime union , pour entretenir toujours en nous la mémoire de sa Passion & de sa Mort. Cette intention du Seigneur nous vient de l'Apôtre Saint Paul. (1. *Cor.* 11.) Oui , Jesus-Christ veut nous faire comprendre que cette gloire qu'il nous procure , tire uniquement sa source des mérites de sa mort ; que cette mort a opéré notre réconciliation avec Dieu ; que lui-même il doit à sa mort son exaltation dans les Cieux & ce nom admirable *qui est au-dessus de tout nom.* (Phil. 2.)

C'eſt donc la Croix de Jeſus-Chriſt qui fait notre gloire & qui nous l'a méritée ; ſans elle le mépris & l'humiliation ſeroient encore notre partage aux yeux de la foi. Faut-il s'étonner après cela d'entendre un S. Paul s'écrier, *pour moi, que Dieu me garde de me glorifier jamais d'autre choſe que de la Croix de Jeſus-Chriſt.* (Gal. 4.) Qu'un grand nombre de Chrétiens eſt éloigné de cette façon de penſer ! Qu'ils tiennent une conduite différente de celle du généreux Apôtre ! Diſons-le avec larmes ; vrais *ennemis de la Croix de Jeſus-Chriſt...* (Philip. 3.) *ils n'ont point d'autre Dieu que leur ventre, ſe font gloire de leur propre déshonneur, ils n'ont de goût que pour les choſes de la terre.*

Ne formons-nous point la claſſe de ces ames baſſes & peu dignes du nom Chrétien ? Ah ! condamnons notre indifférence pour Jeſus-Chriſt ; & pour nous mettre à l'abri de tout reproche en ce genre, prenons modele ſur ceux des Saints, qui ſe font le plus diſtingués par leur amour pour JESUS crucifié. C'eſt de la ſoif, de la faim, des travaux, des humiliations, des opprobres, des souffrances, de la Croix, en un mot, que jaillirent des sources de gloire pour l'Humanité de Jesus Christ; il faut que la nôtre ait la même origine.

Entretien.

Que je serois indigne de vous, Seigneur, si, lorsque je me dispose à vous goûter dans votre banquet sacré, je trouvois dans mon ame des sentimens opposés aux vôtres; si bien loin de m'occuper de votre croix & de votre mort, pour en partager les amertumes, je perséverois dans le dessein de mener une vie sensuelle & délicieuse! Quels rapports pourrois-je me flatter d'entretenir avec vous, si ce contraste étoit malheureusement fondé!... Hélas! je n'ose y penser; je frémis à cette idée, parce qu'elle concourt à ma condamnation.

Oui, Divin JESUS, j'ai vécu jusqu'à ce jour, comme si vous n'étiez point mort pour moi; je me suis accoutumé à vous considérer froidement sur la Croix, une couronne d'épines sur la tête, sans faire attention à l'étroite obligation où je suis de vous imiter par la patience dans les peines, les humiliations, les douleurs. Infenſé que je ſuis ! en quoi donc fais-je conſiſter ma gloire, ſi j'ai en horreur tout ce qui en a été le principe pour vous ! O ténebres de l'eſprit ! ô dureté du cœur humain ! ô prodigieuſe foibleſſe de la nature ! Seigneur, vous qui habitez dans la lumiere, qui êtes tout amour, qui pouvez tout, éclairez-moi, enflammez-moi, fortifiez-moi : qu'il ne m'arrive plus déſormais de penſer autrement que vous ſur les vrais principes de la gloire : que je ſouffre avec vous & pour vous tout ce qui me viendra de la main de votre Providence.

Comme je ne fais qu'un avec vous, ô mon Sauveur, quand j'ai le bonheur de vous recevoir à la Communion ; de même que l'amour m'attache à la Croix avec vous pour ne faire avec vous qu'un ſeul & même ſacrifice.

Jesus-Christ, notre Fin.

Omne quodcumque facitis in verbo aut in opere, omnia in nomine D. N. J. C. Col. 3.

TOUT ce que vous faites, soit que vous parliez, soit que vous agissiez, faites-le au nom de J. C. N. S.

1°. VOICI ce que Jesus - Christ sur la terre & conversant avec ses Disciples, disoit lui-même à son Pere : *La vie éternelle, c'est de vous connoître pour le seul véritable Dieu, vous & Jesus-Christ que vous avez envoyé.* (Joan. 17.) D'où il s'ensuit que Jesus-Christ avec le Pere & le S. Esprit est notre fin derniere, c'est-à-dire, le seul objet dont la possession puisse nous rendre heureux à jamais. Or, est-il parmi nous quelqu'un qui n'aspire à cette possession ? Non, sans doute ; nos cœurs se réveillent, quand on parle de bonheur ; ce langage les flatte, parce qu'il les touche par l'endroit le plus sensible. Etant ainsi faits que le desir du bonheur est né avec nous, personne dès-lors qui ne doive tendre à Jesus-Christ comme le seul qu'il importe de posséder dans ce monde pour le posséder un jour au Ciel.

Dans l'intervalle qui s'écoulera pour nous d'ici à ce moment fortuné, convenons que Dieu en agit avec nous bien magnifiquement, en nous appellant par la foi à la connoissance de Jesus-Christ, ce qui est comme le commencement du bonheur de l'homme sur la terre. Pleins de reconnoissance pour cette faveur qui n'a pas été accordée à toutes les nations, disons-lui : *Oui, toute ma vie je vous louerai, Seigneur; tant que je vivrai, je chanterai les louanges de mon Dieu.* (Pf. 145.) Plaignons les partisans du monde, qui ne connoissent pas Jesus-Christ ou qui le connoissent pour contredire par leur conduite ses exemples & ses maximes, pour l'attaquer même & faire blasphémer son nom parmi les infideles.

2°. Pendant que nous paroissons sur la terre, comme voyageurs, nous pouvons espérer de joüir de notre fin : nous ne sommes pas absolument sûrs de ne pas nous

nous en écarter, il est vrai, mais du moins avons-nous à cet égard une grande espérance, & c'est Jesus Christ qui nous la donne dans l'Eucharistie, en s'y donnant à nous. Une chose en effet contribue à nourrir en nous cette douce confiance, la fidélité au commandement que nous a fait Jesus-Christ de prier & de veiller.

Or, parmi tous les moyens que nous fournit la Religion pour remplir l'un & l'autre de ces devoirs, peut-il y en avoir de plus efficaces, de plus prompts, de plus certains que la Communion ? cet exercice ne commande-t-il pas par lui-même la priere & la vigilance ? *La priere*; rien ne nous donne droit à la grande faveur, que Jesus-Christ nous y accorde, il est donc dans l'ordre que nous la lui demandions avec instance, avec ferveur, avec humilité. *La vigilance*; point de circonstance dans la vie Chrétienne, où le précepte de veiller sur les mouvemens de son cœur soit plus formel; car enfin il s'agit de préparer une demeure à un Dieu saint & jaloux de sa gloire.

Rien donc ne nous conduit plus naturellement à notre fin que l'Euchariſtie ; nous y trouvons d'ailleurs le ſoulagement à nos peines, le repos après le travail, le gage de la vraie félicité, &c... & nous n'éprouvons à ſon ſujet que les froideurs de l'indifférence, qu'une inconcevable lenteur dans nos deſirs, & nous dirons encore que nous aſpirons à être heureux !.. où donc eſt notre foi !

3°. Tous les Sacremens de la Loi nouvelle ſe rapportent à l'Euchariſtie, comme à leur fin principale, dit S. Thomas, (3. *p. q.* 65. *a.* 3.) en ce qu'ils diſpoſent les hommes à s'en approcher dignement, à en conſerver les fruits, à en tirer tous les avantages que Jeſus-Chriſt y a attachés. Caché ſous les voiles du pain & du vin, Jeſus-Chriſt y devient donc la fin de nos actions ? auſſi n'en eſt-il aucune où nous ne devions nous propoſer de plaire à ce Divin Sauveur, dans le deſſein & de fixer ſur nous ſes regards de bienveillance, quand nous le recevons, & de lui offrir le ſacrifice d'un cœur reconnoiſſant, animé d'une foi vive, pénétré d'un ardent amour.

Qui vivroit de la ſorte, pourroit dire

que sa vie est une préparation continuelle à la Sainte Communion. Mais que nous sommes éloignés de nous rendre ce témoignage ! nous pensons au monde, nous parlons du monde, nous agissons pour le monde, comme si ce monde étoit notre fin : corrigeons nos idées, redressons nos jugemens, appellons de notre conduite, occupons-nous de Jesus-Christ qui a rapporté toutes ses actions à notre salut.

Entretien.

Heureuse l'ame qui vous connoît & qui vous sait, ô JESUS ! avec cette connoissance pratique elle sait où est le bonheur, elle s'y porte avec la certitude de ne se pas tromper dans son empressement ; elle y arrivera : quoiqu'encore dans la voie, elle a la ferme espérance de vous voir un jour, vous qui êtes le souverain bien des ames. Ah ! s'il en étoit ainsi de moi, je bâtirois sur les mêmes fondemens, j'éleverois l'édifice de ma perfection, j'aurois aussi le même droit, le même espoir, le même témoignage à me rendre... Mais que mes dispositions sont différentes ! hélas ! les frivolités du monde m'ont fait oublier jufqu'ici que vous étiez mon unique fin, & à quels excès ne m'a point conduit cet oubli ? ...

Aveu humiliant ! je ne crains néanmoins pas de le faire devant vous, ô mon Dieu ! parce qu'étant l'expreffion de ma douleur, il attirera fur moi les effets de votre miféricorde.

Oui, je détefte tout ce qu'il y a eu dans mes projets & mes affections de contraire à votre gloire : c'eft vous dorénavant que j'aurai en vue ; aidez-moi à tenir cette réfolution par la réception même de votre Sacrement ; que j'y apprenne de vous-même les moyens d'y être fidele jufqu'au moment, où par la mort vous m'appellerez à vous.

Jesus-Christ, notre Consolation.

Non relinquam vos orphanos ; veniam ad vos.
Joan. 14.

Je ne vous laisserai point orphelins , je viendrai à vous.

1°. QUOIQUE J. C. soit notre paix & notre joie dans l'Eucharistie , il nous prévient cependant sur les peines que nous aurons à éprouver pour son amour, il nous prépare à une tristesse Chrétienne, partage ordinaire de ses Disciples sur la terre ; il nous dit comme à ses Apôtres , *vous serez dans l'affliction & les larmes tandis que le monde se réjouira.* (Joan. 16.) Mais quelle différence entre cette joie que le monde engendre , & la joie qui prend sa source dans l'Eucharistie ! celle-là s'évanouit, s'efface & disparoît même absolument au premier revers qui arrive ; celle - ci inaccessible aux accidens passagers résiste à tous les flots de l'adversité. Voilà ce qui distingue sensiblement l'ame mondaine de l'ame fidelle : de fâcheufes viciſſitudes, des poſitions critiques, de pénibles contradictions, qui ſont comme autant de criſes de la vie, attendent l'une & l'autre ſans doute ; mais là eſt un dépit ſecret, un trouble néceſſaire qui ſe fait ſentir juſqu'au fond de l'ame ſans la ſoulager ; ici regne une admirable tranquillité, qui conſerve dans un parfait équilibre toutes les puiſſances ſpirituelles.

Que les Juſtes ſoient ici bas expoſés aux perſécutions, aux injures, aux affronts, aux railleries piquantes, aux calomnies mêmes, c'eſt ce que l'on voit tous les jours ; ainſi ſe vérifie l'oracle de Jeſus-Chriſt qui leur préſente cette ſuite de mauvais traitemens, comme une ſource de bonheur pour eux ; bonheur d'autant plus réel qu'il ſe charge de les prendre alors ſous ſa protection ſpéciale & promet de les conſoler lui-même.

2°. Promeſſe qui s'exécute dans l'Euchariſtie où nous trouvons toujours Jeſus-Chriſt diſpoſé à partager nos peines & à répandre dans nos cœurs une délicieuſe conſolation. En effet, que ſe paſſe-t-il en nous lors de la Communion ? qu'arrive-t-il en nous par la vertu de cette union intime de Jesus - Christ avec nos ames ? que ce n'est plus nous qui vivons, mais Jesus-Christ qui vit en nous : il nous communique donc cette force Divine, dont il étoit revêtu lui-même quand il éprouvoit dans sa vie mortelle tant & de si vives douleurs pour notre amour.

Disons plus ; il nous met en état, en vertu de sa présence réelle en nous, de ne craindre plus aucun événement, de nous élever au-dessus de la malignité humaine, de ne rien appréhender au monde que le péché. C'est ce sentiment de foi que le grand Apôtre portoit profondément gravé dans son cœur, lorsqu'il écrivoit à Timothée ; *je souffre*, (2. Tim. 1.) & la bonté de la cause, pour laquelle je souffre, n'empêche pas que je ne sente le poids de mes fers, mais *je n'ai point honte de souffrir*, j'y trouve même une joie toute divine.

Aussi n'est ce pas sans raison que l'Eucharistie nous rappelle le souvenir de la Passion de Jesus - Christ notre Seigneur.

L iv

Ce souvenir ne fait-il pas naître, comme naturellement en nous un vif desir d'entrer *en société de souffrances avec Jesus-Christ ?* (Philip. 3.) Ne se sent-on pas porté à dire, non point en Stoïcien superbe, mais en Chrétien fidele, *je suis rempli de consolation...* (2. Cor. 7.) Au milieu de toutes mes tribulations, je souffre pour Jesus - Christ que j'aime ; je souffre avec Jesus-Christ, en Jesus-Christ souffrant ; cette pensée ne porte-t-elle pas avec elle-même la joie, la paix, la consolation ? L'Eucharistie, en nourrissant notre amour pour Jesus-Christ, en excitant en nous le desir de lui ressembler par notre patience dans les afflictions & les peines, nous le représente donc comme *le Dieu de toute consolation ?*

3°. Pourquoi donc la tristesse qui *abat tant d'ames lâches* (Eccli. 30.) trouve-t-elle quelquefois une entrée dans nos cœurs ? parce que nous ne recourons point à Jesus-Christ dans l'Eucharistie où il prend plaisir à consoler les affligés. Nous entendons bien mal nos intérêts ! sommes-nous dans la détresse ? nous cherchons mille moyens de fortir de cet état, nous nous en occupons la nuit & le jour, nous en conférons avec nos amis, pour recevoir d'eux une confolation qui nous fuit & que nous ne trouvons pas.

Eh ! comment arriveroient-ils à nous la procurer, quelque defir qu'ils puiffent en avoir ? ceux - ci, peu verfés dans le genre de vos peines, n'en comprennent pas même la nature & ne s'en forment pas la premiere idée : ceux - là, durs par caractere & difficiles à s'attendrir, ne compatiffent que légerement à votre état : d'autres, & en grand nombre, aigriffent votre douleur bien loin de la diminuer aucun ne porte à votre cœur ulcéré un remede convenable à la nature de fa plaie. Il n'y a que Jefus-Chrift qui connoiffe la qualité, la profondeur de votre peine ; il n'y a que lui qui vous porte une vraie compaffion ; il n'y a que lui qui puiffe par l'onction de fa grace, adoucir, foulager, faire difparoître la peine que vous éprouvez ; c'eft en lui que confiftent, & c'eft de lui uniquement que viennent *les plus folides confolations.* (Heb. 6.)

L v

Entretien.

Que le fort de ceux qui mettent en vous leur confiance, Seigneur, eſt digne d'envie ! ils ne feront point fruſtrés dans leur attente, quelle que foit la grace qu'ils vous demandent : s'ouvrent-ils à vous ? vous parlent-ils de l'état de leur ame ? vous les prévenez, vous les exaucez. (*If.* 65.) Hélas ! ce bonheur peut devenir mon partage ; à leur exemple, je n'ai qu'à me repoſer fur vous, & j'éprouverai de votre part la même générofité.

Que n'ai-je jufqu'à préfent agi avec cette confiance en vous, ô mon JESUS ! les peines qu'une miféricordieufe Providence m'a envoyées, ne m'euffent pas inutilement confumé ; verfées dans votre fein, je les aurois vu perdre infenfiblement de leur vivacité, fe changer même en fentimens de joie par un admirable effet de votre grace, devenir pour moi un motif d'émulation & de zele à vous imiter. . . . quel droit cette conduite ne m'eût-elle point donné à vos divines confolations !.

Ah ! je ne veux plus avoir d'autre Confident que vous ; c'est à vous seul que je m'adresserai dorénavant dans mes peines ; soit que vous les terminiez, soit que vous permettiez qu'elles se prolongent, je bénirai votre nom, je me souviendrai de vous, & ce souvenir, accompagné d'une parfaite soumission à votre sainte volonté, me consolera.

AVERTISSEMENT.

Quoique les quatre Méditations suivantes ne fassent point corps avec celles qui précedent ; quoiqu'elles soient même tout à fait disparates, & quant à la forme & quant au fond, cependant nous avons cru pouvoir les placer à la suite des autres, dans l'espérance où nous sommes que ce petit Ouvrage, particuliérement consacré aux ames ferventes, tombera entre les mains des personnes qui se sont vouées à Dieu par les vœux de Religion.

SUR LES TROIS VŒUX DE RELIGION.

Le Vœu de Pauvreté.

1°. L'EXCELLENCE de ce vœu. 1°. La pauvreté Religieuse rend le Religieux plus parfait selon cette parole de Jesus-Christ : *si vous voulez être parfait, allez, vendez ce que vous avez & donnez-le aux pauvres :* par elle en effet on vit dans un détachement plus entier des choses de la terre, & dès-lors on vaque plus librement à celles du Ciel. 2°. Elle donne plus de ressemblance avec Jesus-Christ puisqu'on le suit dans la pauvreté ; *J. C. s'est fait pauvre pour nous, de riche qu'il était.* Avez-vous vraiment tout quitté pour ce Dieu pauvre ? quelques attaches secrettes ne vous retarderoient-elles pas dans le chemin de la perfection ? 3°. Elle prive tellement le Religieux de toutes choses, que cependant il ne manque pas du nécessaire ; *car ayan la nourriture & le vêtement, nous devons être contens*, disoit S. Paul : heureux qui peut dire dans un esprit de détachement, *que de choses dont je n'ai aucun besoin !*

2°. L'utilité de ce vœu. 1°. Ce vœu affranchit le Religieux d'un nombre infini de péchés dans lesquels les riches ont coutume de tomber ; la cupidité ne le tourmente pas, il n'est point tenté d'injustice, de rapine, &c. & comment l'envie même lui en viendroit-elle, à lui qui a dit : *j'ai foulé tout aux pieds pour gagner Jesus-Christ ?* Ce Religieux n'a point à craindre les traits de l'orgueil, puisqu'en embrassant la pauvreté, il s'est naturellement dévoué à l'humiliation. Félicitez-vous donc de cette sainte & heureuse indigence, aimez-la. *Ceux qui soupirent après les richesses tombent dans le piege du Démon.* 2°. Ce vœu dégage encore le Religieux de mille soins frivoles, qu'entraîne le desir ou la conservation des richesses : il peut donc vivre content ce Religieux, loin des alarmes & de l'inquiétude ? 3°. Enfin ce vœu produit le centuple de ce qu'on a abandonné, au rapport de Jesus-Christ. *Celui*

qui aura abandonné sa maison, ses champs,
&c. recevra le centuple & possédera la
vie éternelle. Remerciez Dieu de ce qu'il
rend avec usure le peu qu'on abandonne
pour son amour, & dites avec David :
que puis-je posséder au Ciel & sur la Terre,
sinon vous, ô mon Dieu !

3°. La pratique de ce vœu. Ceux qui
veulent être les vrais pauvres de Jesus-
Christ, doivent, 1°. renoncer à tout ce
qui est superflu, se contenter du pur nécessaire & rejetter tout ce qui sent trop
l'art & le goût : un coup d'œil sur vos
meubles, vos vêtemens, &c. & si vous
y trouvez quelque chose qui choque la
sainte Pauvreté, renoncez-y, & n'écoutez là dessus aucun prétexte ; 2°. n'avoir
aucune affection aux choses dont l'usage
est permis, tellement que vous usiez de
tout comme n'en usant pas. N'avez-vous
rien à vous ou qui vous soit particuliérement propre ? vous passeriez - vous aisément de tel ou tel effet, s'il falloit en
céder à autrui la jouissance ? est-ce donc
là ce que vous avez voué à Dieu ? ah !
écoutez-le dire d'un ton menaçant : je hais,

la rapine dans l'Holocauste : écoutez votre conscience ; quoi ! vous avez renoncé peut-être aux commodités de la vie, à une fortune aisée, & des bagatelles, des riens ont aujourd'hui le secret de gagner & d'attacher votre cœur ? ô petitesse d'ame ! 3°. Desirer d'éprouver les effets d'une rigoureuse pauvreté, jusqu'à aimer ce qu'il y a de plus vil dans le vêtement, de plus grossier dans la nourriture, de plus commun dans l'ameublement, jusqu'à se féliciter de manquer même quelquefois du nécessaire. Aimez-vous la pauvreté portée à ce degré ?.. Ah ! entrez dans son esprit & resserrez-en les nœuds : ce sera le moyen que Dieu vous appelle un jour *du sein de la pauvreté pour vous placer parmi les Princes de son peuple.*

Le Vœu de Chasteté.

1°. LA Chasteté Religieuse est si excellente que, 1°. elle rapproche l'homme de Dieu, en le rétablissant en quelque sorte dans ce premier état d'innocence, où s'est vu Adam, qui d'abord ne faiſoit *qu'un mê-me eſprit* avec Dieu, dont il portoit l'ima-ge & la reſſemblance. Voilà votre dignité; mais avez-vous conſervé en ſon entier l'éclat d'une ſi brillante image ? 2°. Elle place l'homme au-deſſus des Anges, par-ce que, dit S. Chryſoſtôme, *il y a plus de gloire à s'élever par ſes efforts au ſublime rang des Anges, que d'y être par nature: être un Ange, c'eſt l'effet du bonheur; être Vierge, c'eſt celui de la vertu.* Que la vue de ce noble état vous tienne conſtamment ſur vos gardes & dans l'humilité; ſans ces précautions vous tomberiez *dans les paſſions ignominieuſes* de la chair en pu-nition de votre orgueil. 3°. Elle rend le Religieux vainqueur de la nature qui porte d'elle-même à la corruption. Avez-vous juſqu'à préſent remporté ſur vous ces vic-toires ? répondez. Ah ! défiez - vous de vous-même comme du plus mortel enne-mi que vous ayez ſur la terre.

2°. Grands avantages de la Chaſteté; 1°. elle exempte de mille dangers, de mille embarras, de mille inquiétudes qu'entraîne après ſoi le mariage. 2°. Elle réprime tel;

lement la chair qu'elle ne s'éleve jamais impunément *contre l'esprit*. Quelle heureuse situation ! 3°. Elle met l'ame en état de retirer des Sacremens tous les avantages qui en résultent , & d'en goûter même toutes les douceurs , dans une proportion toujours égale à la pureté qu'elle y apportera. 4°. Elle la rend propre à la contemplation des choses Divines ; *heureux*, dit Jesus-Christ, *ceux qui ont le cœur pur , ils verront Dieu.* 5°. Elle l'attache d'une maniere toute spéciale au service de Jesus-Christ & de Marie : d'abord de Jesus - Christ ; comme l'Epoux des Vierges il veut qu'*elles le suivent par-tout où il ira* ; ensuite de Marie , parce qu'elle a conçu sans tache cet Agneau Immaculé. Voulez-vous , sous les auspices de la Mere de Dieu , *entrer avec l'Epoux dans la salle des Noces* ? voulez-vous arriver jusqu'à *la montagne sainte du Seigneur* ? conservez l'innocence , ayez le cœur pur , l'ame intacte, gardez religieusement la chasteté que vous avez vouée.

3°. Les moyens de garder & de conserver intacte cette chasteté sont : 1°. *de* veiller *fur fes fens*; un rien entraîne la perte de l'innocence; que n'en coûte-t-il pas pour la recouvrer après? 2°. *De châtier fon corps & de le réduire en fervitude*, il devient infolent quand on le traite avec molleffe. 3°. *De s'éprouver fouvent foi-même*, fur-tout quand on fe prépare aux Sacremens, *les chofes faintes ne font que pour les Saints.* 4°. De renoncer d'affection aux objets crées, leurs charmes ont quelquefois féduit *les fages & en ont fait des Apoftats.* 5°. De fe concilier la bienveillance de JESUS & la protection de Marie par une fainte exactitude à certaines pratiques de piété: Marie, la Reine des Vierges, aime à retrouver fon image dans fes Clients, & ces Vierges c'eft J.C. qui les fait. Ne ceffez donc de recourir par des afpirations ferventes à JESUS & à Marie : jamais vous ne parviendrez de vous-même à la chafteté; *elle eft un don de Dieu. Créez donc en moi un cœur pur*, ô mon Dieu; & vous, Vierge Sainte, prenez-moi fous votre protection, défendez mon ame contre fes ennemis.

Le Vœu d'Obéissance.

1°. L'OBÉISSANCE Religieuſe eſt par elle-même ſi excellente qu'*elle vaut mieux que les victimes* : S. Grégoire en rend cette raiſon, *c'eſt que*, dit-il, *par les victimes on immole une chair étrangere*, & que par l'obéiſſance on immole les facultés de ſon ame ; & d'abord *le jugement* qui eſt humilié & tellement ſoumis qu'il ne cherche point la raiſon du précepte qui lui eſt fait : enſuite *la volonté* qui y eſt pleinement ſacrifiée qui ceſſe d'être la propre volonté de l'homme : enfin *la liberté* diſparoît de maniere que le Religieux n'agit plus & ne peut plus agir de lui-même, parce qu'il y a renoncé de ſon plein gré à ſes facultés. Heureuſe la condition où on fait ſa volonté en faiſant celle d'autrui, puiſque par cet accord de volontés on devient pour ainſi dire une même choſe avec ſes ſupérieurs, en cela ſemblable en quelque ſorte à J. C. qui dit : *moi & mon Pere nous ne ſommes qu'un* ! pourquoi ?

c'est que tout ce que son Pere a voulu relativement à sa mort, il l'a aussi voulu. Grand modele d'obéissance ! imitez-le & ne craignez pas de dire, même dans les plus fâcheuses circonstances, *que votre volonté* qui m'est indiquée par celle de mes supérieurs, *se fasse*, ô mon Dieu !

2°. Quels sont les avantages de cette obéissance ? 1°. Elle donne du prix aux choses ; rien de ce qu'on fait par son motif, qui ne soit agréable à Dieu ; ce qui est même indifférent, a sa récompense. Il n'en est pas ainsi des œuvres les plus pénibles, si la volonté propre s'y trouve, elles sont inutiles. N'avez-vous pas méprisé ce que vous avez trouvé sagement établi pour marcher par des routes moins communes & singulieres ? ah ! point de singularité, l'orgueil l'accompagne. 2°. Elle fait agir le Religieux avec plus de sécurité & le rend certain de la volonté de Dieu par celle de ses supérieurs, en sorte qu'*il vit sans danger sur la terre*, dit Cassien. Comparez cette assurance que vous avez, avec cette irrésolution, où flottent les gens du monde qui s'égarent si souvent

dans les affaires les plus importantes.
3°. Elle contribue *à l'acquisition des ver-*
tus &v eille à leur conservation , sur-tout
de la Charité , de l'Humilité & de la
Prudence. Voulez-vous être un même &
seul esprit avec Dieu ? le glorifier ? vous
conduire sagement ? reconnoissez le domaine qu'ont sur vous ceux que Dieu a
mis à votre tête ; ne faites rien sans leur
conseil, *parce qu'ils veillent comme ayant*
à rendre compte de vos ames.

    3°. L'obéissance dans la pratique. Elle
demande du Religieux, 1°. qu'il soit d'un
même avis que ses supérieurs & approuve
tout ce qu'ils feront. N'examinez - vous
pas quelquefois , ne murmurez - vous pas
contre leurs ordres? se croire plus sage que
ceux qui ont reçu de Dieu les lumieres &
l'autorité nécessaires pour vous conduire ,
quel orgueil ! 2°. qu'il se comporte à leur
égard , comme un enfant bien né toujours prêt à exécuter la volonté de son
pere , à le prévenir même dans ses desirs.
Est-ce là votre obéissance? n'apportez-vous
point toujours mille raisons pour vous
excuser , pour secouer le joug ? Ah ! pliez ,

pliez votre volonté ; Dieu l'ordonne ; 3°. qu'il exécute du moins leurs ordres avec soin : il faut l'avouer cependant, une obéissance ainsi forcée n'est propre que d'un vil esclave ; que ce ne soit jamais la vôtre ; n'obéissez pas non plus parce que vous trouvez votre avantage à obéir, ce motif est encore indigne de celui qui doit aspirer aux plus excellens dons & qui doit, à l'exemple de Jesus-Christ, faire toujours ce qui est agréable au Pere céleste.

Le renouvellement des Vœux du Baptême ou de Religion.

1°. **R**IEN de plus nécessaire que ce renouvellement, parce que l'image de Jesus-Christ, en qui nous avons été régénérés, s'efface de jour en jour ; 1°. par une certaine légereté d'esprit, qui vous porte à abandonner Jesus - Christ, pour tomber dans le relâchement & suivre les exemples des imparfaits. Ah ! gémissez d'avoir quitté si-tôt & si légerement celui *qui vous a appellé aux richesses de sa grace.*

2°. Par la tiédeur qui a été la cause de votre relâchement & de votre négligence au service de Dieu : dès-lors que vous êtes tiéde, prenez garde qu'*il ne vous rejette avec dédain* : non, Seigneur, *ne m'éloignez point de votre présence, ne me privez point du bonheur de vivre de votre divin Esprit.* 3°. Par un déréglement dans la volonté, qui transporte l'amour que vous devez à Dieu, à la chair & au sang. Est-ce donc là *comment vous reconnoissez les bienfaits du Seigneur ?* Ah ! priez notre Seigneur Jesus-Christ d'amollir & de laver votre cœur dans son Sang, & répondez aux graces qu'il est disposé de vous accorder pour cet effet : dites-lui dans l'amertume de votre ame : c'en est fait, ô mon Dieu, *tout va être renouvellé en moi.*

2°. Il faut travailler à ce renouvellement de vie par la voie des contraires ; 1°. à la légereté, il faut opposer la constance, de maniere que vous ne *rougissiez plus de l'Evangile,* que vous vous ressouveniez que vous avez été *un spectacle à Dieu, aux Anges & aux Hommes.* Oh ! si vous montriez plus de constance dans la vertu,

vertu , les hommes l'embrasseroient eux-mêmes à votre exemple , les Anges se réjouiroient de votre conversion , Dieu vous recevroit avec bonté. Que ces considérations vous enhardissent donc & vous animent au bien ; *revêtez-vous de l'homme nouveau qui a été créé selon Dieu.* 2°. A la tiédeur opposez la forte & généreuse résolution de remplir exactement vos devoirs ; ne vous permettez pas le plus léger manquement, sur-tout dans vos exercices de piété , dans ce qui fait la matiere de vos vœux , dans les regles de votre institut ou le réglement de vie que vous aura donné un Directeur éclairé ; par cette fidélité vous témoignez à Dieu votre amour pour lui. 3°. Que la dureté de votre cœur soit tellement remplacée par la divine charité, que vous brûliez de plus en plus du désir de plaire à Dieu. Je le dis enfin pour ne jamais plus me rétracter , c'est après vous que je soupire , ô mon Dieu, c'est vous que je veux aimer.

3°. Ce renouvellement bien fait, il en résulte , 1°. une joie pure dans le souvenir ; pourriez-vous en effet vous rappeller

M

les faveurs dont Dieu vous a prévenu &
comblé, après que vous vous en êtes rendu indigne par vos égaremens, sans en
ressentir la plus douce consolation? *Je ne
cesserai de chanter les miséricordes du Seigneur à mon égard.* 2°. Une crainte salu-
taire dans l'ame, cette *crainte du Seigneur
qui deviendra le commencement de la vraie
sagesse*, en vertu de laquelle vous brave-
rez tout respect humain. *Pénétrez, ô mon
Dieu, pénétrez ma chair de votre crainte
afin que je sois plus en état d'éviter vos
terribles jugemens.* 3°. Une volonté efficace
pour le bien, pour aller de *vertu en vertu*,
en sorte que vous n'omettrez plus rien de
ce qui pourra tendre à votre perfection &
vous unir de plus en plus à Dieu. Travail-
lez donc *à vous renouveller en esprit*, de
maniere que vous marchiéz dans les voies
du Seigneur sans vous écarter *à droite ou
à gauche.* Delà il arrivera que Jesus-Christ
*donnera à votre corps, abject de sa nature,
une forme toute nouvelle jusqu'à le rendre
semblable à son corps glorieux.*

PRÉFACE.

Qu'on ne prenne point à la lettre ce que nous appellons ici sentimens affectueux; ce ne sont uniquement que des modeles que nous proposons. Il en est des sentimens de chacun de nous & de la maniere de les concevoir, comme des goûts qui varient relativement aux dispositions différentes que nous apportons en naissant : l'entreprise de les réunir, si on osoit la former, & de les astreindre à certaines loix, tiendroit de la folie sans doute : de même il seroit de la derniere témérité d'établir une regle constante & uniforme, à laquelle on prétendroit amener les affections humai-

M ij

nes , sur-tout quand elles se rapportent di-
rectement à Dieu ; pourquoi ? c'est qu'a-
lors nos cœurs, d'où ces affections prennent
leur source , participent en quelque sorte à
l'infinité même de Dieu , tant ils sont fé-
conds ; que dis-je ? cette disposition sup-
posée , ils l'emportent de beaucoup sur
l'esprit, qui souvent se voit réduit à donner
au cœur la noble commission de sentir ce
qu'il ne peut exprimer : aussi éprouve-t-on
quelquefois que celui-ci est arrivé à la tren-
tiéme conséquence par voie de sentiment,
lorsque celui-là , lent dans ses conceptions,
tire à peine la premiere.

Quand d'ailleurs on supposeroit l'un
aussi prompt à saisir les objets que l'autre l'est à se porter amoureusement vers
ces mêmes objets , quelle énorme différence entre une affection tendre & une
vérité seche !

Delà ce conseil que donnent unanime-
ment les Maîtres de la vie spirituelle ;

moins de raisonnemens & plus d'affections. *Conseil qui s'adresse particuliérement
à ceux qui desirent aller à Dieu par la
Méditation, & qui prouve clairement que
les affections . étant le langage du cœur ,
que Dieu aime, ont un bien plus grand
prix à ses yeux que n'en peut avoir l'art
de discourir.*

*Or , que ce langage varie selon les cir-
constances & les dispositions de l'ame , on
le comprend & on l'expérimente pour peu
qu'on y fasse attention. Que sera-ce , si
d'abord par un desir de vraie conversion ,
& ensuite par une fidélité constante , on
descend souvent dans son cœur pour s'y entretenir avec un Dieu caché ?.. Ah ! c'est
alors que ce langage varie à l'infini : des
offenses multipliées , graves peut-être ;
qu'on déteste; une Loi pure & sainte , qu'on
se propose d'observer , dût-on tenir sa résolution au prix des plus pénibles sacrifices ;
un Dieu dont les perfections se développent*

à mesure qu'on l'aime d'un amour fort &
généreux ; voilà les trois sources générales
où l'ame va puiser successivement les sen-
timens de sa douleur, de sa fidélité, de
son amour.

SENTIMENS
AFFECTUEUX,
CONÇUS ET PRÉSENTÉS
*Relativement aux différens états où
une Ame peut se trouver.*

POUR LA VIE PURGATIVE.

Mépris du Monde.

Qu'est-ce que l'homme sur la terre
s'il ne vit point dans la grace de son Dieu?
rien & moins que rien, quand même on
le supposeroit maître absolu de tous les
biens du monde. Que sont en effet sans
le précieux don de cette grace, les richeffes, les honneurs, la gloire, la réputa-

M iv

tion, les talens, l'induſtrie, les plaiſirs ? un peu de fumée, de graves bagatelles, ſouvent des obſtacles réels à la vertu, ſi on n'en régle l'uſage ſur les maximes de l'Evangile : d'ailleurs ces prétendus biens rentreront un jour dans le néant dont ils ſont ſortis ; de plus un moment les donne, un moment les enleve. Il n'y a donc de vrai bien, de ſolide bien, de bien permanent pour mon ame que vous ſeul, ô mon Dieu ; auſſi êtes-vous le ſeul qui méritez mon amour & tout mon amour.

Confuſion née de la conſidération de ſes infidélités.

Je ſuis indigne, Seigneur, que vous jettiez ſur moi un de vos regards : infiniment pur, pourriez-vous ſans quelques émotions d'horreur ſupporter cette vue ? Il y a eu un temps ſans doute, où, à la gloire de votre grace, j'étois pour vous un objet de complaiſance ; un temps, où, encore dans l'innocence baptiſmale, je portois l'image du céleſte Adam N. S. J. C. mais ce temps n'eſt plus, je ſuis déchu de ce haut degré d'honneur , je me suis moi - même avili & dégradé par le péché. Un juste sentiment de confusion devient donc mon partage à jamais ; les bleſſures que mon ame a reçues , n'atteſtent que trop malheureuſement ma lâcheté, ma défaite , mes infidélités à votre ſervice !...

Langage d'une ame anéantie devant ſon Dieu.

Mépriſable & ſouverainement mépriſable, quoi tu t'enorgueillis encore , créature ſuperbe ! Ah ! vas plutôt te jetter aux pieds de ton Dieu ; conjure-le d'arracher de ton cœur juſqu'à la derniere fibre de vanité , de cette vanité dont tu te nourris ſi follement. Et quand je t'envoye aux pieds de ton Dieu , c'eſt encore uſer de trop d'indulgence , non , tu ne mérites pas cette grace ; rappelles-toi le nombre des péchés que tu as commis ; & confuſe à cette vue, tu iras étouffer ton orgueil ſous les pieds des réprouvés & des Démons mêmes.

Patience divine à l'égard du pécheur endurci.

O ! aveuglement ! ô ! audace de ma part ! quoi ! j'ai pu traiter avec la derniere indignité le meilleur des Maîtres, moi qui ne fuis rien fur la terre, fi mes péchés m'enlevent le glorieux avantage de lui appartenir ? Et de votre part, ô mon Dieu, quel excès de patience & de bonté ? Non-feulement votre patience a éclaté dans mes égaremens, mais votre grace a encore ménagé à mon ame fon retour fincere vers vous ; infiniment Pere, vous avez comblé de biens un fils ingrat, un rebelle, un perfide, & par-là même indigne de partager avec vos vrais enfans ce que vous leur difpenfez de faveur & de tendreffe.

Cette même patience confidérée comme Myftere impénétrable.

Combien d'ames beaucoup moins coupables que moi, ô mon Dieu ! fe font vu condamnées au feu par un arrêt de votre juftice auffi prompte que terrible ! de fublimes intelligences font tentées d'orgueil,

& au moment où elles fuccombent à cette tentation, commence pour elles une éternité de peines; le fouffle de votre colere allume un feu qui les confumera à jamais. Quel motif vous a donc animé à diffimuler mon crime ? à me pardonner des péchés innombrables ? Hélas ! s'eft-il écoulé un feul inftant dans ma vie où je puiffe dire que j'aie été agréable à vos yeux ?...

Invocation de la Miféricorde.

Pere Eternel, je vous en conjure par votre miféricorde infinie, ayez pitié de ma pauvre ame : Fils unique du Pere, c'eft votre amour pour les pécheurs que j'implore : Efprit - Saint, c'eft à votre conduite de douceur fur les ames que j'ai recours : enfin c'eft aux mérites & au précieux Sang de Jefus-Chrift que j'en appelle, ô augufte, ô adorable, ô très-Sainte Trinité ! O JESUS, attaché à la Croix pour mes péchés, pardonnez-moi; une feule goutte de votre Sang fera plus que fuffifante pour me laver de mes iniquités; ne me la refufez pas ; laiffez-la couler du haut de cette Croix, où vous m'avez engendré dans vos douleurs; ne me fruſtrez pas de la ferme eſpérance, que me donnent vos bontés, d'éprouver enfin les effets de votre infinie miſéricorde.

Accuſation de ſes péchés.

Quel humiliant aveu je me prépare à faire en votre préſence, ô mon Dieu! quand, déchiré par de ſalutaires remords, je viens vous dire: *j'ai péché*, & *c'eſt contre vous-même que j'ai péché*... O! ſouvenir cruel! vous étiez & vous êtes encore pour moi le ſouverain Bien, le Bien ineſtimable, le Bien infini, tout mon Bien, & cependant.... Eh! ce n'eſt encore là qu'une partie de mes forfaits: oſerai-je m'accuſer autant que je me ſens coupable? Pere Divin, ah! c'eſt votre miſéricorde en elle-même que j'ai outragée; j'ai donné le coup de la mort à votre Fils unique par mes péchés; j'ai inſulté à ſon Sang, à ſes mérites, &c. &c. O douleur! ô crime!... coulez de mes yeux, coulez, larmes ameres, & ne tariſſez jamais.

Contrition.

Il n'y a que vous, ô Bonté ſouveraine,

non, il n'y a que vous qui foyez digne de
tout notre amour; & encore, que pourroit l'amour de toutes les créatures réunies
enfemble, fi vous ne vous aimiez vous-
même, autant que vous méritez de l'être?..
Auffi n'ai-je aujourd'hui qu'un regret,
mais un extrême regret, c'eft de vous
avoir déplu, offenfé, outragé; un regret,
auquel l'amour a plus de part que la crainte,
du moins eft-ce ainfi que j'ofe le penfer,
ô mon Dieu!... Oh! fi je pouvois revenir fur mes pas, & obtenir au prix de
tout mon fang, que jamais je ne vous
euffe offenfé!... fi je pouvois même pour
rentrer dans ce précieux état, fixer fur
ma tête tous les tourmens des réprouvés,
il me femble que je vous dirois avec fincérité : me voici, Seigneur, frappez, que
je périffe fous le glaive de votre juftice,
j'ai mérité tous les fupplices poffibles;
il n'en eft point, que fur le motif de votre amour, je ne préfére au péché que
vous haïffez fouverainement. Mais où
m'engage ma douleur? à de vaines fuppo-
fitions : formons, ô mon ame, formons
un vœu qui puiffe avoir fon effet, adref-

fons-le à Dieu & difons-lui, ô vous, qui connoiffez toutes chofes, fi vous prévoyez que dans le cours de ma vie il vienne un jour où je m'oublie jufqu'à vous offenfer encore, frappez-moi de mort à l'inftant même, & ne permettez pas que je retombe dans mes anciennes infidélités.

Defir de l'Humiliation.

Je reconnois devant vous toute ma baffeffe, ô Dieu de Majefté infinie ! vous avoir offenfé, c'eft avoir confenti à être plus méprifable que le néant : j'ai donc mérité & je confens volontiers à ne jouir plus d'aucun degré d'eftime ; non, je n'attendrai pas que les occafions fe préfentent, mais je les chercherai avec une forte d'ambition. O mon Divin JESUS, vous qui avez été raffafié d'opprobre pour moi, affermiffez - moi dans cette réfolution.

Regret raifonné.

Quoi ! mon ame, tu as ofé... pécher ! quel attentat ! mais qui es-tu donc ? qu'eft-ce que Dieu ? qu'as-tu entrepris contre lui ?... ô ingrate & la plus ingrate des créatures ! un Dieu qui eſt un Tout incompréhenſible de perfections infinies , ne pas te ſuffire, que dis-je ? devenir à tes yeux un vil objet de mépris ! … concevoir de toi-même un ſot orgueil & préférer un plaiſir paſſager à la douce ſatisfaction de garder ſa Loi ! … quel paradoxe ! quelle ſtupidité ! …

Ferme propos d'une inviolable fidélité.

Je ne ſuis point encore entré en lice avec les ennemis de mon ame juſqu'à répandre du ſang dans le combat : aujourd'hui je ſuis déterminé à tout perdre, mon ſang , ma vie même plutôt que de pécher : voilà la réſolution que je prends en votre préſence , trop généreux Sauveur , & c'eſt aux pieds de votre Croix que je la prends, ô mon JESUS ; dût la mort ſe préſenter mille fois à mes yeux , mille fois je la braverai plutôt que de conſentir jamais à un ſeul péché mortel.

Plan de haine Chrétienne.

Ah ! qui me délivrera de ce corps mortel où habite le péché ! … mais d'où part ce cri subit de ma douleur ? le triste état dont je me plains, est l'ouvrage de ma négligence à servir Dieu & de ma lâcheté à me vaincre : c'est moi, c'est moi qui me suis donné volontairement le coup de la mort ; j'ai suivi en aveugle les traces de la corruption & les desirs d'un amour désordonné : je porte donc mon ennemi au-dedans de moi-même ; or cet ennemi, je le tiens, il ne m'échappera plus désormais, je le réduirai dans un tel état de servitude qu'il ne se révoltera bientôt plus. Oui, meurs, amour-propre, sens corrompu, meurs ; auteur de ma perte, détestable péché, meurs à jamais : que JESUS, dont le Sang & les mérites ont été pour moi le principe d'une vie toute spirituelle, vive uniquement & constamment dans mon cœur ; que mes infidélités deviennent dorénavant la mesure de mon amour pour lui.

Invocation des Saints.

Je suis par moi-même indigne de porter mes pas vers le Trône de la miséricorde ; j'en ai abusé avec impudence. O vous, puiſſante Avocate des pécheurs, Mere de notre Dieu & notre Mere, qui recevez tous ceux qui ont recours à vous, montrez donc à votre Fils les mamelles qui l'ont allaité & mettez en uſage tout le crédit que vous avez ſur le cœur de Dieu, pour m'obtenir un pardon que je ne mérite à aucun titre : & vous, Eſprit céleſte, Ange tutélaire, aux ſoins duquel je ſuis confié dès mon enfance, ſoyez moi favorable, je vous en conjure par la joie que vous procure la converſion d'un pécheur : vous enfin, que j'invoque comme d'illuſtres Patrons, que l'Egliſe m'a aſſignés dans les Cieux, S S. N N., ne ceſſez de parler pour moi au Pere des miſéricordes.

Juſtes reproches faits à ſoi-même.

Ne comprendrai-je jamais juſqu'où va mon audace, quand je n'oppoſe aux tendres faveurs d'un Dieu qu'indifférence, que langueur & tout ce qui porte le caractere de l'averſion ? Eſt-ce là le traitement qu'a mérité celui qui m'a créé, qui m'a racheté au prix de ſon Sang, qui par ſes inſpirations, m'a ſollicité à retourner à lui , qui , tout attaché qu'il eſt à la Croix , me préſente encore les bras de ſa miſéricorde pour me recevoir & pour m'embraſſer ?... Quoi ! aucun de ces motifs , qui ſont tous ſi puiſſans ſur des ames ſenſibles, n'agira ſur la mienne !.. Quoi ! toujours dans la fange du péché , toujours eſclave des plaiſirs défendus , toujours en guerre avec Dieu , en paix avec le Démon ! ..

Exhortation à la pratique de la vertu.

Oſe enfin aſpirer à la vertu , ô mon ame ; fais quelques efforts pour ſortir du labyrinthe où les paſſions t'ont conduite , triomphe une bonne fois de cette terreur frivole , dont tu n'as ſuivi que trop malheureuſement les impreſſions. Ne vois-tu pas que ton Dieu, dans l'impatience de ſon amour , te prête une main favorable ?.. & tu balances, tu doutes, tu héſites encore à profiter du ſecours qu'il te préſente ?... Ah ! plus de cette crainte puſillanime, qui t'a précipitée dans une honteuſe inaction : le Dieu qui veut t'aider de ſa grace , peut infiniment plus pour ton bon-

heur que ne peut le Démon pour ton malheur par ses tentations.

Confiance en Dieu.

J'attends de vous seul toute ma force ;
ô mon Dieu ! & je ne crains point d'être
confondu dans ma confiance. Quand
toutes les tentations possibles viendroient
m'assaillir & m'assiéger de toute part , je
n'en serai pas moins en assurance , parce
que j'ai en vous une protection puissante :
je dis plus , dût l'Enfer avec ses suppôts
se présenter devant moi , comme une
armée rangée en bataille, j'espérerai en
vous , parce que vous êtes mon Dieu.

Aveu de son impuissance pour le bien.

Voyez , Seigneur , ah ! voyez ma foiblesse & mon infirmité ; elle est hélas !
portée à un tel excès que sans vous je ne
puis rien , pas même vous invoquer avec
mérite : ne m'abandonnez donc pas à moi-
même ; non - seulement mes efforts pour
le bien seroient pénibles sans vous , ils
seroient encore infructueux.

Crainte religieuse.

La crainte & l'effroi fe font répandus dans mon ame, ô mon Dieu ! & ce n'eft pas fans raifon ; je me fuis rappellé que j'ai irrité votre juftice. Où chercherai-je un abri à la colere qui vous anime contre moi ? vous m'environnez de toute part. Hélas ! après avoir long - temps refufé d'aimer en vous un Pere tendre, puis-je ne pas craindre que vous n'exerciez enfin les droits d'un Juge inexorable ?... Réflexion accablante ! Seigneur, ah ! je vous en conjure, Seigneur, n'entrez point en jugement avec moi.

Reconnoiffance motivée.

Qu'ai-je été, que fuis-je encore à vos yeux, ô mon Seigneur & mon Dieu ! un pécheur & un pécheur impénitent... Cependant vous m'avez confervé en vie jufqu'à ce jour... vous m'avez fouftrait aux châtimens éternels que j'ai mérités fi fouvent... vous m'avez fait naître mille occafions, où naturellement j'aurois dû reconnoître mes égaremens pour les pleurer

& les détester ; grace que vous n'avez point accordée à tant d'autres que la mort a surpris dans l'impénitence ?... Que de titres à ma reconnoissance ! ah ! ils ne s'effaceront jamais de mon souvenir ; non, jamais.

Priere pour demander le suffrage des Saints.

Vierge Immaculée, Sainte Mere de Dieu qui avez toujours haï le péché autant que vous avez aimé votre Fils, voyez le pitoyable état de mon ame ; demandez pour moi quelques rayons de cette lumiere qui vous éclaira dans les routes du Divin Amour, afin qu'à votre exemple j'apprenne & me détermine une bonne fois à fuir le mal & à pratiquer le bien. Saints Anges de Dieu qui constamment & avec courage vous êtes opposés à la téméraire entreprise des Esprits apostats, faites passer jusques dans le fond de mon ame votre constance même ; que rien n'ébranle désormais ma résolution de servir le Seigneur. Heureux Apôtres, qui avez pleuré pendant toute votre vie un péché d'un moment, obtenez pour moi de l'Auteur

de tout don parfait , cette douleur amere,
ce vif regret , ces larmes ſinceres qui vous
ont lavé de la tache de votre infidélité,
pour ne nous montrer en vous qu'un parfait modele de pénitence.

POUR LA VIE ILLUMINATIVE.

Lenteur de Dieu à punir.

VOUS pourriez, Seigneur, punir l'homme au même moment qu'il peche, ſans
que cette promptitude altere tant ſoit peu
cette équité infinie qui préſide à vos jugemens . : vous patientez cependant dans
toute l'étendue de vos miſéricordes ; des
mois, des années s'écoulent ; & non-ſeulement vous nous attendez , mais encore
vous invitez , vous preſſez , vous attirez
par votre grace. Ici c'eſt un Pierre ſur
qui vous jettez un regard ; là une Magde-
leine , dont vous touchez le cœur ; ailleurs c'eſt un Judas pour qui vous avez
toutes ſortes de ménagemens , &c. Serois-
je le ſeul que vous abandonnaſſiez ? me

verrois-je fans efpérance de converfion
parfaite après tant d'exemples frappans
que j'ai fous les yeux ?... Non, Seigneur,
non ; je fuis pécheur fans doute, je le
fais ; mais auffi je fais que vous voulez
m'être propice : *Retournez à moi*, dit votre Prophete, *& je retournerai à vous.*
Me voici à vos pieds, ô mon Dieu ! je
ne les quitterai pas que vous ne m'ayez
béni & reçu au nombre des ames que
vous admettez au baifer de votre paix.

Bonté bienfaifante de Jefus-Chrift.

Votre penchant à la bienfaifance, voilà, ô Divin réparateur de mon ame, voilà
ce qui me dirigera déformais dans les rapports que la fociété & la Religion me
donnent avec le prochain : vos dons, votre Sang, vos mérites, vos graces, vous-
même ; rien qui n'annonce en vous ce
noble penchant ; penchant qui fe déploye
avec une magnificence qu'on ne peut
affez admirer ; car enfin ce n'eft point
feulement envers vos fideles ferviteurs
qui refpectent votre Loi fainte & s'effor-
cent d'attirer fur eux les regards de votre

complaisance, que vous en agissez de la forte ; mais envers ceux-là mêmes qui ne vous connoissent pas , qui déméritent à vos yeux, qui vous méprisent ouvertement. Ah ! je ne puis résister à un si bel exemple ; je m'employerai au service de mes freres, sans acception des personnes ; aucun d'entr'eux ne me paroîtra méprisable ou indigne de mes attentions. Eh ! quel est celui que je priverois de mon estime ou de mon amour ? vous les avez portés dans votre cœur jusqu'à mourir pour tous sans exception.

Prodige de patience dans Jesus - Christ pour le pécheur.

Votre patience excessive , ô mon Jesus ! est toujours pour moi un sujet nouveau d'étonnement : quelle bonté de votre part à recevoir les pécheurs qui retournent à vous ! quel amour dans la conduite que vous tenez à leur égard ! quelle tendresse généreuse ! ils s'étoient volontairement dépouillés des véritables biens par le péché ? vous les faites rentrer dans tous leurs droits sur l'héritage céleste , sans les

accabler

accabler de reproches. Votre modération, ô mon Dieu ! sera pour moi déformais une regle dont j'espere ne plus m'écarter : non - seulement j'aimerai ceux qui sont confiés à mes soins, dussent-ils pécher à chaque instant, mais je n'omettrai rien pour les ramener ; je compatirai aux miseres de leur ame, je les traiterai avec beaucoup de douceur, je m'efforcerai de vous imiter particuliérement en ce genre afin de ne suivre en toute circonstance que les impressions d'un amour généreux dans les services que je rendrai au prochain.

Mépris des choses du monde.

Pensées, desirs, affections, vœux, espérances, inclinations, tout en vous, aimable Sauveur, annonçoit un mépris absolu du monde ; mépris des honneurs, de la gloire, de l'estime publique, des louanges & de l'applaudissement, des richesses & des commodités de la vie. C'est donc une insigne folie en moi, si j'ambitionne & poursuis avec ardeur tout ce que la sagesse incréée a eu en aversion ? ces prétendus avantages , que les mondains travaillent à réunir sur leurs têtes , ne sont rien ; & je les réputerois encore dignes d'un cœur qui est fait pour Dieu & à qui il ne faut rien moins que la possession d'un Dieu pour être content?..

Courage dans l'adversité.

Je puis tout en celui qui me donne de la force, je puis tout avec la grace de Dieu : ce n'est donc pas sur moi-même que je m'appuye, mais sur la toute-puissance du Pere qui peut, s'il le veut , donner à de foibles roseaux la solidité des colonnes les plus inébranlables ; mais sur la sagesse du Fils , qui a dans ses trésors mille moyens secrets de me soustraire aux dangers les plus évidens ; mais sur la grace du S. Esprit , qui applanit & surmonte les plus grands obstacles : tels sont les secours qui me sont offerts & dont je suis invité à faire usage ; après cela quel événement au monde pourra ou m'intimider ou me décourager ?...

Patience dans les maux.

Rendez, ô mon Dieu ! rendez mon cœur aussi patient que celui de JESUS, parce qu'enfin j'ai formé la résolution de souffrir ou de mourir. Que n'a-t-il pas souffert cet Homme - Dieu ? son Corps délicat s'est vu déchiré par les fouets, les épines & les clous ; une agonie mortelle a plongé son ame dans un océan d'amertume ; la contradiction & l'opprobre ont accompagné presque tous ses pas.... & l'idée seule de la plus légere douleur m'alarmera ?... je ne pourrai supporter le moindre mal sans murmurer ?.. O ! donnez-moi, Divin JESUS, le courage de souffrir pour vous ; ne soyez pas le seul à marcher dans une voie semée d'épines : je me propose de vous suivre par-tout où vous avez porté vos pas.

Estime de la pauvreté.

C'est pour moi & pour me donner l'exemple que vous vous êtes condamné aux plus affreuses rigueurs de l'indigence, ô mon Sauveur ! quelque riche que vous

-fuſſiez de votre fond, vous n'aviez cependant pas un lieu où vous puſſiez repoſer. Un Dieu le plus pauvre des hommes, ô prodige inouï! Rechercherai - je encore après cela ce que mon Dieu a mépriſé ſi formellement? ne me ferai-je pas enfin un devoir & même un ſujet de joie de renoncer de cœur & d'action à de graves riens pour un Dieu qui a abandonné pour moi tous les Royaumes du monde, le Ciel même où il avoit ſon Trône?..

Mortification des ſens.

Toute votre vie, JESUS! fut un continuel exercice de mortification; vous pouviez, comme Dieu, accorder à vos ſens toute eſpece de ſatisfaction ſans courir aucun danger de tomber dans une coupable molleſſe, la nature en vous n'étoit & ne pouvoit être viciée, elle n'avoit donc pas beſoin de correctif ou de précaution contre la concupiſcence; un Corps où habitoit la plénitude de la Divinité, n'annonçoit aucune de ces ſervitudes honteuſes, qui ſont en nous les triſtes ſuites du péché, & cependant vos premieres années fe font écoulées dans le travail, & vous avez rendu votre dernier foupir au milieu des plus vives douleurs : la contrainte, la gêne, la mortification font donc de votre choix. Or, tout ce qui a fixé ce choix ne renferme-t-il pas effentiellement je ne fais quoi d'aimable en foi-même ?.. à cela que dites-vous, mon ame ? engendrée dans le péché, portée au mal, la nature n'annonce rien que de vicieux en vous ; auffi que de défaites, & combien peu de victoires dans les combats qui lui font livrés de fa part !... & vous la flatterez encore cette nature ? Non, non ; plus de ménagement pour cette chair rébelle ; ne vivons plus que felon la Loi de l'efprit. Seigneur, je veux vous appartenir fincérement & par des effets ; pour cela je crucifierai ma chair avec fes defirs déréglés.

Zele pour la gloire de Dieu.

Ce n'eft point votre gloire, mais uniquement celle de votre Pere célefte que vous avez cherchée, ô mon Sauveur ? Telle a été la fin que vous vous êtes tou-

jours propofée , comme la plus noble &
la plus digne de vous : vos penfées , vos defirs , vos paroles , vos œuvres , votre fom-
meil , vos foupirs mêmes , tous les inftans
qui ont compofé le tiffu de vos jours
mortels , en donnent la preuve. Ah !
fi jamais je vous ai demandé une grace
avec ferveur , c'eft celle-ci , divin JESUS ;
accordez-moi cette pureté dans l'intention & dans l'action qui me rende fembla-
ble à vous ; faites par votre grace , que ,
fans égard pour mes propres intérêts , je
ne cherche que vous à chaque moment
de la journée , chaque fois même que je
refpirerai. Puiffé-je enfin tenir avec moi-
même le pacte que je forme de travailler
conftamment à votre gloire.

Amour du Prochain.

C'eft vous que j'aime , ô mon Dieu !
dans la perfonne de mes freres , & c'eft
pour vous que je les aime comme moi-
même : voilà ce que vous m'avez enfeigné
plus encore par votre exemple que par
vos paroles. Nous étions d'abord vos ennemis , & cependant vous nous avez aimés

le premier : nous étions perdus sans reffource , & vous nous avez recherchés ,
follicités , attirés dans votre grande miféricorde ; lequel de mes freres pourrois-je
haïr ou méprifer encore , quand je penfe
que vous les aimez tous , & que vous avez
répandu pour eux jufqu'à la derniere goutte
de votre Sang adorable fans diftinction
des bons ou des méchans.

Zele des Ames.

Aimable & fouverainement aimable
Jesus , en defcendant du Ciel pour opérer notre falut , vous vous êtes expofé
à toutes les injures des élémens ; vous
avez dévoré tout ce que les voyages ont
de pénible & d'ennuyeux ; tous vos jours
ont été comptés par les travaux & les douleurs jufqu'à ce que la mort les eût enfin
terminés : tous , pauvres & riches , les
vieillards & les enfans , tous fans diftinction ont reffenti les influences de votre
bonté , dans les villes & les bourgades ,
dans les campagnes & les déferts , le jour
& la nuit : nos ames ont été à vos yeux
d'un fi grand prix que vous n'avez pas

héfité à donner votre Sang pour elles.
Ah! je me fuis donc bien trompé dans le
jugement que j'ai porté des ames, moi
qui ai mis entr'elles une différence finon
réelle, du moins extérieure & fenfible,
en refufant de payer à celles-ci le tribut
de mon eftime, tandis que je rampois
devant celles-là! Cependant que valent-
elles, & les unes & les autres? tout votre
Sang, ô mon Sauveur! prix ineftimable:
oh! qui me donnera de vous feconder dans
cette rédemption générale, & de confa-
crer, à votre exemple, mon repos & ma
vie pour le falut, ne fût-ce que d'une
feule ame!...

Converfation.

Defcendu du Ciel en Terre, on vous
a vu, Seigneur, converfer avec les hommes; mais avec circonfpection pour ne
pas les offenfer, avec bonté & douceur
pour vous concilier les cœurs & les efprits,
avec le deffein d'être utile à ceux qui
vous écoutoient. Oh! fi j'afpirois véritablement à procurer l'avantage fpirituel
de mes freres, quand je lie converfation

avec eux, quelle attention n'aurois-je pas à régler mes affections ! à me garantir contre certain langage mondain ou erroné ! à bannir de mes entretiens tout ce qui approche tant soit peu de l'humeur, de la dureté, de l'entêtement, de la hauteur, de la frivolité, &c !.. Ah ! c'en est fait ; ou je me tairai, ou je parlerai de maniere que la raison, la charité, la pudeur, la Religion, la foi soient toujours respectées.

Pureté de conscience.

Beauté sans tache, beauté ancienne & toujours nouvelle, voilà, aimable Jesus, le brillant état de votre ame. Oh ! quand pourrai-je, quoique de loin, en approcher pour insulter comme vous au monde, à la chair, au Démon ! oh ! quelle est heureuse & mille fois heureuse, la situation d'une ame exempte du péché ! quelle douceur, quel calme, quelle félicité au moment même de la mort pour celui à qui la conscience ne reproche absolument rien ! Or, cette consolation, cette délicieuse consolation, personne ne peut me la procurer fur la terre, fi je ne travaille avec la grace à la mériter par la fainteté de la vie. Ah ! mourir donc plutôt que de pécher, voilà ma devife.

Étude pratique de l'humilité.

Quelle humilité que celle de JESUS dans fa naiffance, pendant fa vie & à fa mort ! il étoit l'image de Dieu, & cependant il s'eft anéanti lui-même ; il n'a caché aux yeux des hommes la fplendeur de la Divinité que pour écarter loin de lui, l'admiration, l'applaudiffement & les honneurs qui en euffent été les fuites naturelles. Ah ! quelque tardive que foit cette réflexion, je veux la faifir aujourd'hui dans tout ce qu'elle préfente à l'efpri de vrai & de touchant : n'être plus déformais qu'un néant à mes yeux, voilà mon unique gloire.

Obéiffance.

C'eft jufqu'à la mort & à la mort de la Croix que vous avez porté l'obéiffance, ô JESUS crucifié pour moi : mais y penfiez-vous, Seigneur, vous, Fils de Dieu, la sageſſe du Pere, le Roi des Rois ! obéir non-ſeulement à votre Pere, mais encore aux hommes les plus injuſtes, les plus barbares !... Oh ! il faut que j'aie le cœur plus dur que le fer & le diamant, ſi cet exemple héroïque ne me détermine pas à obéir en toute circonſtance & en tout temps à ceux qui me tiennent la place de Dieu ſur la terre, & qui ont reçu de lui l'autorité pour me conduire !...

Tranquillité d'eſprit.

Qu'eſt-ce que la malignité n'a point inventé & dit contre vous, Seigneur ? en butte aux injures les plus atroces, aux plus horribles blaſphêmes, vous avez paru n'avoir ni oreilles pour entendre, ni langue pour parler, ni mouvement pour agir, ni autorité pour punir l'impudence, ni foudre en main pour écraſer des mortels impies. Pourquoi donc, lorſque je me crois offenſé, me livré-je ſi promptement à l'impatience, à la colere, à l'emportement ?.. Ah ! que dans les occaſions où l'on attaquera ma réputation & mon honneur, je vous aie toujours préſent à l'efprit, afin qu'à votre exemple je poſſede mon ame en paix.   .

Douceur du ſervice de Dieu.

Que votre efprit, Seigneur, a de charmes & de douceurs ? vous n'intimez point de commandement que vous ne nous donniez tout à la fois la force de l'exécuter : le peu que nous entreprenons ſous les auſpices de votre grace , devient un motif qui vous détermine auſſi-tôt à en faire infiniment plus pour nous : ſans jamais toucher à notre liberté , vous ſavez vous proportionner & vous accommoder à nos penchans : les rapports qu'il y a entré le Créateur & la créature , multiplient preſque à l'infini vos droits fur nous , & vous n'exigez que peu de choſes : vous nous rappellez dans nos égaremens , c'eſt peu ; vous nous invitez par tout ce que l'amour a d'attrayant à retourner à vous. Ah ! Seigneur, vous triomphez enfin de la dureté de mon cœur ; oui vous me précédez dans une carriere toujours ouverte à la gloire qu'il y a pour moi de vous imiter ! je ferai pour mon prochain ce que vous faites pour moi, j'excuserai ses défauts, j'aurai égard à sa fragilité, je ne lui demanderai rien dont je ne lui donne l'exemple ; si quelquefois la circonstance veut que j'agisse avec une sorte de sévérité, je la tempérerai toujours par la douceur.

POUR LA VIE UNITIVE.

Dégoût pour tout ce qui n'est pas Dieu.

DEPUIS que je vous aime, ô mon Dieu, je ne fais plus que languir ; toutes les consolations humaines me sont insipides, elles n'offrent à mon ame rien de solide ; je n'éprouve plus qu'un dégoût général pour le monde & tous les biens que le monde présente, parce que vous êtes le seul objet qui méritez & fixez mon amour : puisque vous vous refusez au desir que j'ai de sortir de cette vallée de larmes, souffrez au moins que tous mes soupirs soient pour vous, & uniquement pour vous.

Aspiration vers Dieu.

Où suis-je ?... Quoi ! encore dans le monde & ses plaisirs ? encore dans moi-même & la recherche de mes commodités ? Ah ! Seigneur, ordonnez que j'aille à vous, & que je sorte enfin de moi-même, afin que par-tout je vive pour vous, je respire de vous, je sois en vous. Quand est-ce que frappera cette heure fortunée, où vous me direz, *quittez le Liban, venez?* me voici, vous répondrai-je alors, me voici à vos ordres ; rien, par votre grace, n'apporte obstacle à la réunion que je desire depuis si long-temps.

Estime de Dieu seul.

O ! le seul bien de mon ame que mon Dieu ! bien inestimable : le posséder, c'est avoir atteint le terme de ses desirs : je vous estime donc, je vous aime donc par-dessus toutes choses ; à la vérité, mon entendement ne peut arriver à se former une juste idée de vos perfections ; & plus il fait d'efforts pour cela, plus il éprouve que la chose est impossible : mais voici au moins comment je me dédommage de cette impuiſſance, (& je ſais, Seigneur, que vous voulez bien vous contenter de cette diſpoſition) c'eſt que je vous aime mille fois plus que moi-même, mille fois plus que la ſatisfaction de mon ame, mille fois plus que les joies du Ciel & l'éternelle poſſeſſion de vous-même : oui, je veux déſormais couler & terminer mes jours dans la pratique de ces douces pa-roles : *Je vous aime, mon Dieu, je vous aime.*

Juſte Retour.

Vous m'aimez, & je vous aime, ô mon amour & mon Dieu ! tout ce que vous êtes m'appartient, & tout ce que je ſuis eſt à vous. Je ſuis plongé dans vos perfections infinies, & vous voulez bien deſcendre dans mon néant : vous vous donnez entiérement à moi, parce que vous m'aimez, je me donne à vous ſans partage, parce que je vous aime. O ! amour, ô ! le Dieu de mon cœur, vous êtes tout mon bien, mon ſeul partage, mon Tout.

Desir de ne respirer que pour Dieu.

Mon Dieu , pardonnez à l'audace que m'inspire votre saint amour: vous daignez me recevoir entre vos bras , me serrer sur votre cœur & vous communiquer à moi par tout ce que l'amitié a de plus intime & plus délicieux. Ah ! je desire, sous les auspices du sentiment & du respect , vivre & mourir dans cette ineffable union : attachez-moi de plus en plus à vous, & ne permettez pas que rien au monde puisse jamais m'en séparer.

Mort spirituelle.

Je suis mort, ô mon Dieu ! parce que ma vie est cachée en vous avec Jesus-Christ. Depuis que vous m'avez blessé d'un trait de votre saint amour , mon ame, comme fondue en moi, est passée jusqu'à vous : enseveli dans le même tombeau que Jesus-Christ , je n'ai plus de pensées, de desirs , d'affections que pour votre gloire. Permettez donc que je vive en vous & absolument en vous , en consé-quence du dessein que j'ai formé & que je forme de nouveau, de n'agir plus que par vous & pour vous.

Offrande de tout soi-même.

Tout ce que j'ai est à vous, Seigneur ; & par voie du plus juste retour, puisque vous avez bien voulu me faire part de vos richesses. Que possédé-je en ce monde, que je ne tienne de votre libéralité & de votre miséricorde ? il est donc dans l'ordre de la justice que je vous offre, avec la plus grande joie, mon corps, mon ame, mes sens & toutes mes facultés ? de grace, ne considérez pas ce qui est de moi dans cette offrande que je vous fais, mais vos propres dons, & avec d'autant plus de droit que vous vous en êtes assuré la possession au prix de tout le Sang de votre Fils N. S. J. C.

Effusion d'un beau cœur.

Que de merveilles vous avez opérées en ma faveur ! avec quelle magnificence vous avez étendu votre bras sur moi, ô mon Dieu ! Que font en effet tous ces ouvrages sortis de vos mains ? autant de preuves de votre amour pour moi. Quel langage tenez-vous à mon ame, & par ce don généreux que vous avez fait à l'Univers de votre Fils unique, & par cette abondante effusion de votre Divin Esprit dans nos cœurs ? Le langage de votre pur amour pour nous qui sommes vos créatures. O ! bienfaits d'un Dieu, soyez toujours présens à mon esprit, excitez en moi les sentimens de la plus vive reconnoissance !

Dignes objets de gloire.

Qu'il ne m'arrive jamais de me glorifier d'autre chose que des perfections de mon Dieu & de la Croix de mon Sauveur. Oui, Dieu suprême, vous aimer, parce que vous êtes mon Seigneur & mon Dieu, mon bien & mon unique félicité ; resserrer de plus en plus les liens qui m'unissent à vous en qualité de serviteur ; m'attacher à la Croix avec JESUS, la porter sur ma chair par la mortification, partager sa pauvreté, ses mépris & ses souffrances ; tels seront à l'avenir les objets dont je tirerai ma gloire.

Alliance Divine.

Je suis votre fils, & je ne veux point avoir d'autre Pere que vous, ô mon Dieu! qualité que je prends sans présomption, & c'est vous-même qui m'avez donné un droit réel à ce titre : aussi plus j'irai en avant, & plus je m'enhardirai dans ma confiance ; je ne cesserai donc de dire, vous êtes mon Pere ; aussi vous aimé-je de tout mon cœur, aussi me garderai-je bien de m'éloigner de votre présence. Pere céleste, vous voyez un fils à vos genoux, & que vous demandé-je ? La part qui m'échoit dans l'héritage de votre gloire ; mais non, je me trompe, vous êtes seul mon héritage, je n'en veux point d'autre.

Imitation de Jesus-Christ.

Quoique vous fussiez l'image même de Dieu, ô Jesus mon amour ! vous vous êtes dépouillé volontairement & par choix, des honneurs & des richesses de la Divinité pour n'éprouver parmi les hommes qu'une pauvreté rebutante & un mépris presque général. Ici quels vœux oserai-je former ? que desirerai-je ? l'abondance ? non, vous avez manqué de tout : les honneurs ? non, vous avez préféré le mépris : la réputation d'une haute sagesse ? non, la dérision & les railleries ont été plus de votre goût. Or, votre choix sera désormais ma regle, je ne veux plus rien que ce qui m'approchera davantage de vous par l'imitation.

Rapports précieux avec Jesus-Christ.

O le premier d'entre les freres, Divin JESUS, quoi ! est-il possible que le Pere céleste soit pour vous & pour moi notre Pere commun ! en vous établissant héritier de tous ses biens, il a pensé à moi & a voulu que je partageasse avec vous cet ample & magnifique héritage : vous m'êtes donné pour frere ? Ah ! souffrez qu'en cette qualité je vous assure de tout mon amour ; oui, je vous aimerai, soit que vous m'admettiez à votre héritage, soit que vous m'en excluïez : vous êtes le seul héritier ; tout vous est dû ; je n'ai droit à rien : il est un bien cependant dont je vous prie de ne pas me priver, votre amour ; donnez-le-moi ce saint amour avec votre grace , & je serai assez riche.

Louange de Dieu.

Le Seigneur est bon ; raison pour vous, mon ame, de penser à lui, & de le louer sans interruption : employez donc tout ce que vous avez , pensées , affections, mouvemens , respiration même , à lui dire & à le répéter avec complaisance , ô que vous êtes grand ! jamais on arrivera à vous payer un juste tribut de louange : quelqu'essor que je donne à mes idées , quelque riche que soit mon imagination , j'employerois les expressions les plus énergiques , toujours vous serez infiniment au-dessus de ce que je pourrai dire ou penser. Auguste Marie , prenez ici ma place : Esprits célestes, qui brûlez du plus tendre amour pour notre Dieu , chantez pour moi, il est Saint , Saint , Saint ? Mais mon objet n'est point encore rempli : Humanité sainte de JESUS , louez le Dieu de mon cœur : vous - même , ô Être incompréhensible dans vos perfections , rendez-vous enfin à vous-même toute la gloire qui vous est dûe.

Complaisance en Dieu.

Vous ne partagez avec personne votre essence, Seigneur ; aussi ne trouvez-vous de délicieuse complaisance qu'en vous-même, parce que vous êtes infiniment parfait en sagesse, en puissance, en bonté ; ce que je ne puis mieux exprimer que par les paroles d'un grand & fervent amateur de vos perfections : blessé d'un trait de votre amour, il s'écrioit, ah ! si vous étiez, vous, mon Dieu, si vous étiez Augustin, & moi, Augustin, si j'étois Dieu, voici ce que je desirerois, que vous fussiez Dieu à ma place, tant je trouve de satisfaction à vous contempler dans votre essence.

Conformité avec Dieu.

Je vous aime, ô mon Dieu ! profession que je ne puis faire trop souvent : en conséquence je ne veux point avoir d'autre volonté que la vôtre. Me voulez-vous dans l'indigence, dans l'humiliation, dans le mépris, dans les souffrances ; j'accepte

volontiers chacun de ces états , si telle
est votre sainte volonté. Me voulez-vous
au rang des heureux Citoyens du Ciel ,
qui sont admis à jouir pour jamais de
tout vous-même ? je le veux sans doute &
le desire même de toute l'ardeur de mon
ame , non pas précisément à raison du
bonheur que je goûterai dans le séjour
de votre gloire , mais uniquement parce
que vous le voulez.

Sacrifice de soi-même à Dieu.

Parlez, mon Dieu , qu'exigez-vous de
votre serviteur ? Ah ! je crois entendre le
son agréable de votre voix. *Mon fils*, me
dites-vous , *donnez-moi votre cœur* , &
donnez-le-moi pour ne le reprendre jamais.
Le voilà, Seigneur , il est tout à vous ,
& à ce don j'ajoute volontiers celui de
mon ame , de ma vie, de mon sang, de
ma mémoire, de mon entendement & de
ma volonté : je renonce à avoir un cœur ,
s'il ne vous est pas dévoué , si même vous
ne le regardez comme un bien qui vous
appartient : vous êtes seul l'objet que je
desire , que j'aime , que je goûte ; je suis

donc tout à vous, je ne suis plus à moi ; si je vis & respire encore, c'est vous qui vivrez & respirerez en moi.

Vœu ardent.

J'aspire après le moment de ma mort pour être avec vous, ô mon Dieu ! mais quand arrivera-t-il, hélas ? quand paroîtrai je en votre présence ?.. je vous en conjure, ne me différez point ce bonheur ; mon cœur & ma chair ne soutiendroient pas long-temps les vives impressions d'amour que je ressens pour vous, ô mon unique partage à jamais ! Cependant quel vœu formé-je ?.. insensé ! puis-je de moi-même aller à mon Dieu ? Non, j'ai absolument besoin qu'il m'attire à lui avec les liens de sa grace ; oh ! ne me refusez pas ce secours... Seigneur, je vole vers vous....

Béatitude anticipée.

Je ne vous vois point encore face à face, ô mon Dieu ! le voile qui vous cache à mon ame, n'est pas encore levé ; cependant je jouis d'un certain bonheur, parce que je vous aime : ce délicieux sentiment

timent émouſſe en moi, pour ainſi dire, tout ſentiment étranger ou douloureux, & cela, parce qu'il n'y a de vrai tourment pour une ame qui vous connoît, que celui de ne pas vous aimer. Ah ! purifiez de plus en plus cet amour en moi ; ſoyez le ſeul objet qui rempliſſiez ma penſée & mon entendement ; attribuez-vous & épuiſez à votre gloire tout ce que vous m'avez donné de force pour aimer.

Pacte avec Dieu.

Envain je vous aſſurerai de mon amour, Seigneur ; vous ſavez que je vous aime & que je n'aime que vous ; mais c'eſt peu pour moi d'éprouver ces doux mouvemens , & de les profeſſer de bouche : voici donc un contrat que je deſire paſſer en votre préſence & pour la gloire de votre ſaint nom ; je ſouhaite que tout en moi , ſans en excepter les mouvemens même indélibérés de mon corps, que tout dans les créatures qui exiſtent & doivent jamais exiſter ; que tout ce qui ſe fera encore dans l'ordre ſurnaturel de la part des Saints, de MARIE & de JESUS, devienne comme autant de bouches qui vous parlent de mon amour : oui, que tout dans l'ordre de la nature, de la grace & de la gloire éleve la voix & dife pour moi, ô mon Dieu, ô feul digne d'être aimé, *je vous aime de tout mon cœur.*....

Vie en Dieu.

Vous êtes le Dieu de mon cœur, l'ame de mon ame ; c'eft donc en vous, Seigneur, pour vous & par vous que je vis : oui je condamne dès ce moment toute opération d'efprit & de corps qui ne feroit pas conforme à vos defleins adorables : mes vœux ne portent que fur un objet, c'eft de vivre dans un détachement abfolu des créatures & de moi-même. Ah ! que je vive enfin de celui qui me donne le mouvement ! que je vive de vous, ô ma vie & mon tout !

Repos en Dieu.

Je me fuis donné bien des mouvemens pour procurer à mon ame un repos, après lequel elle foupire naturellement ; je ne

J'ai pas trouvé, que dis-je ? les créatures que j'ai interrogées sur l'objet de mes recherches, m'ont répondu qu'elles ne renfermoient dans leur sein qu'un germe de douleur, qu'un principe d'affliction. Votre nom, Seigneur, s'est présenté à mon esprit…. J'ai aussi-tôt éprouvé une paix, une consolation que je n'ai goûtée nulle part, parce qu'elle n'existe point hors de vous. Ah! je me plonge dans votre sein ; là je trouverai mon repos ; je veux y vivre & y mourir.

Saint Transport.

'Mon cœur & mon ame tressaillissent de joie, quand je pense au Dieu vivant : un Cerf altéré cherche avec moins d'ardeur des eaux qui le rafraîchissent, que je n'aspire au moment qui me réunira à vous, Seigneur : déja il me semble que mon cœur est trop étroit, & ne pourra contenir le torrent de vos délices saintes, tant l'idée seule, tant le simple souvenir de vos perfections m'enchante !..

Union avec Dieu.

Qu'il est agréable de demeurer uni à

Dieu ! Ah ! j'éprouve bien fenfiblement aujourd'hui la vérité de cet oracle : *qui s'attache à Dieu, ne fait qu'un feul & même efprit* ! c'eft à vous que je fuis redevable de cette magnifique faveur, ô tout aimable Jesus ! c'eft vous qui me l'avez obtenue de votre Pere célefte, quand vous lui avez demandé pour moi qui ai le bonheur de croire en vous, que je fuffe en vous une même chofe, comme vous n'êtes qu'un, vous & votre Pere. Ineffable union ! puiffé-je la pefer au poids de tout mon amour & de toute ma fidélité, afin que je ne me permette jamais rien qui la détruife ou l'altere. Amen.

SENTIMENS dont on peut s'oc-cuper le jour qu'on a communié.

QUI suis-je, Seigneur, pour que vous m'ayez tant aimé & que vous recher-chiez ainsi mon amour ?

O bien infini ! je vous aime. Non, je dirai plutôt ; mon Dieu, je ne vous aime pas, mes sentimens sont encore trop foibles pour mériter le nom d'amour.

Roi du Ciel, ah ! rendez - vous encore le Roi de mon cœur, soyez-en le maître !

Seigneur, unissez-vous à moi, que l'hor-reur de mes péchés ne vous éloigne pas !

Que veux-je aimer, ô mon Dieu, si ce n'est vous, ma vie, mon amour, mon tout !

Sauveur de mon ame, je ne demande que vous-même & votre amour ; accordez-le-moi, & je m'estimerai le plus riche des hommes.

Que ne puis - je m'épuiser pour vous, comme vous vous êtes épuisé pour

moi ; ingrat, celui qui ne vous aime
pas, ô source de tous biens.

Ne permettez pas qu'après tant de graces, je me sépare jamais de vous!

Hélas! combien d'années j'ai passées sans
vous aimer! ah! que je les regrette!
quelle perte j'ai faite!

Je vous consacre le reste de mes jours;
hélas! c'est peut-être bien peu!

Faites au moins que je sois tout à vous
depuis ce moment-ci jusqu'à la mort.

Vous m'avez cherché lorsque je vous
fuyois; me fuyeriez-vous, quand je
vous cherche!

Ah! quand pourrai-je dire, mon Dieu, je
ne puis plus vous perdre?

Quand vous verrai-je face à face? quand
vous aimerai-je sans changer & de toutes mes forces?

Faut-il donc, ô mon bien infini! faut-il
que tant que je vivrai, je me voie toujours en danger de vous perdre!

Tenez-moi si étroitement uni à vous,
que je ne puisse plus jamais m'en séparer.

ORAISONS JACULATOIRES

pour un jour de Communion.

JE ne veux aimer que vous, ô Divin JESUS, je ne veux plaire qu'à vous.

Vous êtes mon Dieu & mon tout, & je me propose d'être tout à vous.

Conservez mon ame en état de jouir toujours de vous-même, ô vrai Pain de vie.

Je me sacrifie tout à vous, ô mon Dieu, pour faire votre volonté.

Divin JESUS, vous vous êtes donné tout à moi, je me donne tout à vous.

Faites, ô mon Dieu, qu'avant de mourrir, je vive d'une maniere digne de vous.

O mon JESUS ! que je ne vive plus de moi-même, mais de vous uniquement !

Divin objet de mon amour, prenez-moi & soyez le seul qui me possédiez !

Je veux vous aimer, mon Dieu ; mon Dieu je veux vous aimer à jamais.

Que votre volonté soit la mienne, ô JE-

O iv

sus, que je me régle toujours sur vous !

Je renonce à tout ce qui n'est point vous ;
vous êtes & serez désormais le partage
de mon cœur.

O Seigneur JESUS , je veux vous servir ;
que tous mes soupirs vous parlent de
ma fidélité !

Attirez-moi à vous par les liens de votre
charité ; pussent-ils , ces liens , se fortifier de plus en plus !

Mon Dieu, je vous rends grace de m'avoir
attendu jusqu'ici ; quelle patience de
votre part !

Je desire plutôt de mourir que vous dé-
plaire.

Daignez me recevoir par miséricorde , &
que jamais je ne cesse de me donner à
vous par devoir & par reconnoissance !

O mon JESUS ! quand vous aimerai-je ,
comme les Anges & les Saints vous
aiment dans le Ciel !

JESUS, tout mon amour, donnez-moi cet
amour de vous-même, après lequel je
soupire.

Je suis foible encore , ô mon Dieu, aidez-
moi vous-même à vous aimer.

Mon bien aimé eſt à moi, & moi je ſuis à lui.

O JESUS, plein de douceur, ne permet-tez pas que je me ſépare jamais de vous par mes infidélités.

Je vous aime, ô mon Souverain bien, par-deſſus toutes choſes au monde.

Mon Dieu ! je crois en vous, j'eſpere en vous, je me donne à vous.

O aimable JESUS ! faites vous connoître & aimer de toutes les créatures.

O JESUS ! vous êtes l'unique Maître de mon cœur & des affections de mon cœur.

O Dieu de gloire ! quand vous verrai-je face à face, ſans ce voile de la foi qui vous cache à mes yeux !

Que vous rendrai-je, Seigneur, pour tous vos bienfaits ? tout moi-même.

O JESUS ! vous me voulez ; je ne veux que vous, ô JESUS.

Vous ſeul me ſuffiſez, ô Divin JESUS, vous ſeul me ſuffiſez ; j'ai tout avec vous.

Qui me ſéparera de l'amour de mon Dieu ? rien, par ſa grace.

O v

Mon Dieu, je ne desire que vous, je ne
veux même soupirer que pour vous.

LITANIES DU SAINT SACREMENT.

Kyrie, eleison.
Christe, eleison.
Kyrie, eleison.
Christe, audi nos.
Christe, exaudi nos.
Pater de cœlis, Deus, miserere nobis.
Fili Redemptor mundi, Deus,
Spiritus Sancte, Deus,
Sancta Trinitas, unus Deus,
Panis vivus, qui de cœlo descendisti,
Deus abscondite & Salvator,
Frumentum electorum,
Vinum germinans Virgines,
Panis pinguis & deliciæ Regum,
Juge Sacrificium,
Oblatio munda,
Agnus absque macula,
Mensa purissima,
Angelorum esca,
Manna absconditum,

Memoria mirabilium Dei,
Panis superfubftantialis,
Verbum caro factum,
Habitans in nobis,
Hoftia Sancta,
Calix benedictionis,
Myfterium fidei,
Præcelfum & venerabile Sacramentum,
Sacrificium omnium Sanctiffimum,
Verè propitiatorium pro vivis & defunctis,
Cœlefte antidotum, quo à peccatis præ-
ſervamur,
Stupendum ſupra omnia Miraculum,
Sacratiffima Dominicæ Paffionis com-
memoratio,
Donum tranfcendens omnem pleni-
tudinem,
Memoriale præcipuum Divini amoris,
Divinæ affluentia largitatis,
Sacrofanctum & auguftiffimun Myfte-
rium,
Pharmacum immortalitatis,
Tremendum ac vivificum Sacramentum,
Panis omnipotentiâ Verbi caro factus,
Incruentum Sacrificium,
Cibus & Conviva,

Miferere nobis.

O vj

Dulcissimum convivium, cui assistant
   Angeli ministrantes,
Sacramentum pietatis,
Vinculum caritatis,
Offerens & Oblatio,
Spiritualis dulcedo in proprio fonte
   degustata,
Refectio animarum sanctarum,
Viaticum in Domino morientium,
Pignus futuræ gloriæ,
Propitius esto, parce nobis, Domine.
Propitius esto, exaudi nos, Domine.
Ab indignâ Corporis & Sanguinis tui
   susceptione, libera nos, Domine.
A concupiscentiâ carnis,   lib.
A concupiscentiâ oculorum,   lib.
A superbiâ vitæ,   lib.
Ab omni peccandi occasione, lib.
Per desiderium illud, quo Pascha cum
   Discipulis manducare desiderasti, lib.
Per summam humilitatem, quâ Discipu-
   lorum pedes lavasti,   lib.
Per ardentissimam caritatem, quâ hoc
   Divinum Sacramentum instituisti, lib.
Per sanguinem tuum pretiosum, quem
   nobis in Altari reliquisti,   lib.

Per quinque vulnera hujus tui Corporis
    sacratissimi, quæ pro nobis suscepisti, lib.
    Peccatores, te rogamus, audi nos.
Ut nobis fidem, reverentiam & devotio-
    nem hujus admirabilis Sacramenti au-
    gere & conservare digneris, te rog.
Ut ad frequentem usum Eucharistiæ per
    veram peccatorum confessionem nos
    perducere digneris,   te rog.
Ut nos ab omni hæresi, perfidiâ ac cordis
    cæcitate liberare digneris,   te rog.
Ut sanctissimi hujus Sacramenti pretiosos
    & cœlestes fructus nobis impertiri
    digneris,   .   te rog.
Ut in horâ mortis nostræ hoc cœlesti
    Viatico nos confortare & munire di-
    gneris,   te rog.
Fili Dei,   te rogamus, audi nos.
Agnus Dei, &c. &c.

PRIERE.

Ame de J. C. sanctifiez-moi. Corps
de J. C. gardez-moi. Sang de J. C. eni-
vrez-moi. Eau du côté de J. C. purifiez-
moi. Passion de J. C. fortifiez-moi. O
bon JESUS ! exaucez-moi. Cachez-moi

dans vos plaies , & ne souffrez pas que je
sois séparé de vous. Défendez-moi de
l'ennemi du salut. Appellez-moi à l'heure
de ma mort , & ordonnez-moi de venir à
vous , afin que je vous loue avec vos
Saints & vos Anges durant les siecles des
siecles. Ainsi soit-il.

F I N.

TABLE

DES MATIERES.

Sur les trois Vœux de Religion.

SENTIMENS AFFECTUEUX.

Fin de la Table.

APPROBATION.

J'AI lu par l'ordre de Monseigneur le Garde des Sceaux, un Manuscrit, ayant pour titre : *le Jour de Communion, &c.* je n'ai rien trouvé dans cet Ouvrage qui soit contraire à la Foi ou aux mœurs ; il y a lieu d'espérer que les sentimens de piété qui animent l'Auteur, feront impression sur le cœur de ses lecteurs. A Paris ce 11 Septembre 1775.

Signé, ADHENET, *Docteur de la Maison & Société de Sorbonne.*

PRIVILÉGE DU ROI.

LOUIS, par la grace de Dieu, Roi de France & de Navarre : A nos amés & féaux Conseillers, les Gens tenans nos Cours de Parlement, Maîtres des Requêtes ordinaires de notre Hôtel, Grand-Conseil, Prévôt de Paris, Baillifs, Sénéchaux, leurs Lieutenans Civils, & autres nos Justiciers, qu'il appartiendra; SALUT. Notre amé le Sieur BERTON, Libraire, Nous a fait exposer qu'il desireroit faire imprimer & donner au public *le Jour de Communion, ou N.S.J.C. considéré sous les différens rapports qu'il nous donne avec lui dans l'Eucharistie;* s'il Nous plaisoit lui accorder nos Lettres de Permission pour ce nécessaires. A CES CAUSES, voulant favorablement traiter l'Exposant, Nous lui avons permis & permettons par ces Présentes, de faire imprimer ledit Ouvrage autant de fois que bon lui semblera, & de le faire vendre & débiter par tout notre Royaume, pendant le temps de trois années consécutives, à compter du jour de la date des Présentes : Faisons défenses à tous Imprimeurs, Libraires, & autres personnes, de quelque qualité & condition qu'elles soient, d'en introduire d'impression étrangere dans aucun lieu de notre obéissance ; A la charge que ces Présentes seront enregistrées tout au long sur le Registre de la Communauté des Imprimeurs & Libraires de Paris ,.

232

dans trois mois de la date d'icelles ; que l'impreſſion
dudit Ouvrage ſera faite dans notre Royaume & non
ailleurs, en bon papier & beaux caractères, que l'Im-
pétrant ſe conformera en tout aux Réglemens de la
Librairie, & notamment à celui du dix Avril 1725, à
peine de déchéance de la préſente Permiſſion ; qu'avant
de l'expoſer en vente, le Manuſcrit qui aura ſervi de
copie à l'impreſſion dudit Ouvrage, ſera remis dans le
même état où l'approbation y aura été donnée, ès
mains de notre très-cher & féal Chevalier Garde des
Sceaux de France, le Sieur HUE DE MIROMENIL,
qu'il en ſera enſuite remis deux exemplaires dans notre
Bibliotheque publique, un dans celle de notre Châ-
teau du Louvre, un dans celle de notre très-cher &
féal Chevalier Chancelier de France, le Sieur DE MAU-
PEOU, & dans celle du Sieur HUE DE MIROMENIL ; le
tout à peine de nullité des Préſentes : Du contenu deſquel-
les vous Mandons & enjoignons de faire jouir ledit Ex-
poſant & ſes ayans cauſes, pleinement & paiſiblement,
ſans ſouffrir qu'il leur ſoit fait aucun trouble ou empê-
chement. Voulons qu'à la copie des Préſentes, qui ſera
imprimée tout au long, au commencement ou à la fin
dudit Ouvrage, foi ſoit ajoutée comme à l'original.
Commandons au premier notre Huiſſier ou Sergent ſur
ce requis, de faire pour l'exécution d'icelles, tous
actes requis & néceſſaires, ſans demander autre permiſſion, & nonobſtant clameur de Haro, Charte Nor-
mande, & lettres à ce contraires ; car tel eſt notre plaiſir. Donné à Fontainebleau le dix-neuviéme jour du
mois d'Octobre, l'an mil ſept cent ſoixante-quinze, &
de notre regne le deuxiéme. Par le Roi en ſon Conſeil.
Signé, LE BEGUE.

Régiſtré ſur le Regiſtre XX de la Chambre Royale &
Syndicale des Libraires & Imprimeurs de Paris, N°. 220,
fol 36, *conformément au Réglement de* 1723. *A Paris, ce*
25 *Octobre* 1775.

Signé, HUMBLOT, *Adjoint.*

De l'Imprimerie de CHARDON, rue Galande.

LIVRES nouveaux ou sous presse, qui se trouvent chez le même Libraire.

Histoire véritable des tems fabuleux de l'Histoire d'Egypte, dévoilés par l'Histoire Sainte; par M. l'Abbé Guerin, 3 volumes in-8°. sous presse.

Essai sur le recit, ou Entretiens sur la maniere de raconter, par M. l'Abbé Berardier de Bataut, ancien Professeur d'Eloquence en l'Université de Paris, in-12.

— Du même, Précis de l'Histoire Universelle avec des Réflexions, in-12.

Catéchisme sur les fondemens de la Foi, pour les jeunes gens, vol. in-18. tiré du livre des fondemens de la Foi, mis à la portée de toutes sortes de personnes, dédié à Mgr. l'Archevêque de Cambray, 2 vol. in 12.

Homélies pour tous les Dimanches de l'année, en forme de Prônes, par M. Jean François Brunet, Docteur en Théologie de la Faculté de Paris, de la Maison & Société Royale de Navarre, 2 vol. in-12.

Recueil des Difcours de l'Académie de l'Immaculée Conception de la Sainte Vierge, tenue à Rouen pour les années 1772, 1773, 1774, 1775, vol. in-8°.

L'Imitation de la très - Sainte Vierge, fur le modèle de l'Imitation de Jefus-Chrift, dédiée à Madame, par M. l'Abbé ***.

La même, volume in-18. avec la maniere d'entendre la Sainte Meffe, jolie édition.

—Du même, l'Efprit Confolateur ou Réflexions fur quelques paroles de l'Efprit-Saint, très-propres à confoler les ames affligées ; diftribuées pour chaque jour du mois, volume in-12.

Traité de la Confiance en la miféricorde de Dieu, pour la confolation des ames que la crainte jette dans le découragement, augmenté d'un Traité du faux Bonheur des gens du monde, & du vrai bonheur de la vie Chrétienne, par feu Monfeigneur l'Archevêque de Sens, ci-devant Evêque de Soiffons, de l'Académie Françoife, vol. in-12.

Hiftoire & Parabole du Pere Bonaventure, par le Pere Giraudeau, vol. p. in-12.

L'Ecolier vertueux, ou Vie édifiante d'nn Ecolier de l'Univerfité de Paris, par M. l'Abbé Prohart, nouvelle édition, augmentée de plufieurs traits intéreffans, vol. in-18.

Les tomes 33 & 34, & fuivans des Lettres édifiantes, vol. in-12.

Explication des premieres vérités de la Religion, pour en faciliter l'intelligence aux jeunes gens ; Ouvrage utile aux perfonnes qui font chargées de leur inftruction. Nouvelle édition, par M. Collot, Curé de Chevreufe, & Docteur de la Maifon de Sorbonne, à l'ufage des Paroiffes, vol. in 8°.

— Du même, Converfations fur plufieurs fujets de Mo▬▬, propres à former les jeunes Demoifelles à la piété ; Ouvrage utile à toutes les perfonnes qui font chargées de leur éducation, dédiées aux Demoifelles de la Maifon Royale de Saint Louis, à Saint Cyr, vol. in-12.

— Du même, Inftructions fur les Dimanches & les Fêtes qui fe célebrent dans le cours de l'année ; Ouvrage utile à toutes les familles Chrétiennes, fur tout aux perfonnes qui font chargées de l'inftruction de la jeuneffe, 2 vol. in-12.

Inftructions & Queftions fur le Jubilé, où l'on expofe fon origine, ce qu'il eft utile de favoir pour le gagner, ce que c'eft que le Jubilé des Juifs, &c. & différens cas de confciences qui y ont rapport, vol. in-18.

www.ingramcontent.com/pod-product-compliance
Lightning Source LLC
LaVergne TN
LVHW021122050726
842519LV00002B/329